bkjn magazine

《비케이제이엔 매거진》은 북저널리즘이 만드는
종이 뉴스 잡지입니다. 테크와 컬처, 국제 정치를
새로운 시각으로 이야기합니다.

《비케이제이엔 매거진》은 북저널리즘이 만드는
종이 뉴스 잡지입니다. 테크와 컬처, 국제 정치를
새로운 시각으로 이야기합니다.

주거의 미래

주거의 미래

목차

들어가며

최근 이사를 했습니다. 계획했던 일이 아니었습니다. 살던 곳의 전세금이 감당할 수 없을 만큼 올라 급하게 내린 결정이었죠. 10년도 넘게 살았던 마포구를 떠나 고즈넉한 곳으로 옮기게 되었는데, 뭔가 고향을 떠나온 기분입니다. 제가 원해서 결정한 일이 아니었기 때문에 떠나온 곳에 대한 아쉬움이 더 컸을지도 모르겠습니다.

따지고 보면 전세살이를 할 수 있었던 것만으로도 저는 꽤 운이 좋은 편에 속합니다. '전세 자금 대출 제도'의 덕을 봤으니까요. 2008년 이명박 정부에서 시작된 이 제도는 '서민 주거 지원'이라는 명분 아래 별다른 규제 없이 전세 자금을 대출해 줍니다. 현재 200조 원이 넘는 금액이 전세 대출로 시장에 풀려 있습니다. 그런데 이 제도는 사실, 세계적으로 유례를 찾아보기 힘들 정도로 기형적인 주거 지원 정책입니다.

은행에 대출을 받으러 가보신 분이라면 공감하실 겁니다. 예금을 맡길 때와는 분위기가 전혀 다르죠. 심사 요건에 소득과 자산 정보는 기본입니다. 공과금을 제때 냈는지까지 따져 신용 점수를 매기죠. 금융 소비자

입장에서는 애가 타는 일이지만, 사실 대책 없이 가계 대출이 늘어나면 경제 전반이 흔들립니다. 갚을 능력이 있어야 빚을 내어주는 까닭입니다. 하지만 전세 자금 목적이라면 다릅니다. 이래도 되나 싶을 정도로 대출이 간단하고 빠릅니다.

이 과정에서 이득을 보는 것은 금융권입니다. 공적 기관이 전액 보증해 주는 전세 자금 대출은 앉아서 돈을 벌 수 있는 좋은 장사입니다. 돈 떼일 걱정은 없고 이자는 꼬박꼬박 들어옵니다. 집주인도 세입자를 통해 별다른 심사 없이 대출을 받는 셈입니다. 이렇다 보니 '전세 사기 사태'처럼 제도의 느슨한 부분을 노린 범죄도 폭발했습니다.

하지만 고성장, 고금리 시대는 진작에 끝났습니다. 시스템이 삐걱거리고 금융 환경이 급변하면서 전세가 드디어 소멸의 과정으로 접어들었습니다. 그 변화의 한복판에 제가 있었던 것이겠지요. 어찌 보면 좀 늦었습니다. 기형적인 정책 금리 상품이 아니었다면 전세는 진작 멸종했을 겁니다.

새로운 주거의 방식은 새로운 삶의 방식을 만들겠지요. 우리는 전통적인 방식이야말로 매우 인간적이며 본질적인 가치를 담고 있다고 생각할 때가 많습니다. 새로운 방식은 물질적이며 피상적이라고 치부하는 겁니다. 주거에 관해서도 마찬가지입니다. 〈응답하라 1988〉에 나오는 동네 커뮤니티나 〈프렌즈〉의 낡은 뉴욕 아파트 공간에 펼쳐지는 우정이야말로 진정한 주거의 의미라고 믿어 버리는 겁니다.

하지만 드라마는 드라마일 뿐입니다. 쌍문동은 개발 열풍을 타고 대단지 아파트 단지로 천지개벽했습니다. 그 과정에서 주인집이었던 정환이네는 대박을 터트렸을 것이고 덕선이네는 외곽으로 더 밀렸을 겁니다. 〈프렌즈〉의 무대가 되었던 뉴욕의 아파트는 평범한 요리사인 모니카가 월세를 감당할 수 있는 곳이 아닙니다. 비난이 이어지자, 제작진은 뉴욕시의 월세 통제(rent-controlled) 대상 아파트이며, 할머니가 살던 아파트 임대 계약을 상속받았다는 설정을 밝혔습니다. 제작진이 제시한 월세는 26만 원 수준입니다.

《비케이제이엔 매거진》의 이번 호 커버스토리는 보다 현실적인 주거의 미래를 상상했습니다. 따라잡기 힘든 속도로 발전하는 AI 기술, 주거에 투영하는 가치관의 변화, 금융 시장의 추이, 달라진 일자리와 인구수 등을 고려해 저희가 내린 결론은 주거를 스트리밍하는 시대가 도래할 것이라는 전망입니다.

2년에 한 번 이사를 계획해야 하는 불안정성은 언제든 내가 원하는 주거를 누릴 수 있는 자유로움으로 치환됩니다. 사람 간의 일이기 때문에 발생할 수밖에 없었던 집주인과 임차인의 갈등은 심리스(seamless)한 지불 경험으로 대체됩니다. 임대 사업은 단순한 공간 대여를 넘어 경험과 커뮤니티를 제공하는 서비스로 확장합니다. 어쩌면 이 새로운 방식의 주거에서 우리는 진정한 관계를 형성하고 삶을 채울 가치를 찾게 될 수도 있습니다. 서비스가 제공하는 안전한 관계가 있기 때문에 가능한 일입니다.

물론, 질 좋은 주거 서비스를 스트리밍하기 위해서는 그만큼의 비용을 지불해야 할 겁니다. 가격과 주거의 질이 지금보다 더 정확히 비례하면서 주거의 양극화 또한 심화합니다. 변화는 서서히 다가오지 않습니다. 순식간에 덮쳐오죠. 미래는 수동적으로 기다릴 땐 위기지만, 적극적으로 향해 갈 때엔 기회가 됩니다. 주거의 미래도 그렇습니다. 지금까지 북저널리즘 CCO 신아람이었습니다.

테크와 컬처, 국제 정치를
새로운 시각으로
이야기합니다.

2035년 우리는 집을 구독하게 됩니다.

어느 브랜드에 사는지가 정체성 표현의 수단이

됩니다. 물론 돈이 있어야 가능한 일입니다.

월세가 대세가 됐습니다. 주택 임대차 계약을 맺는 세입자 열 명 중 여섯 명이 월세를 택하고 있습니다. 올해 1~2월 전국 신규 전·월세 거래에서 월세가 차지하는 비중이 사상 최초로 60퍼센트를 넘었습니다. 2021년만 해도 월세 비중이 41.7퍼센트였는데, 올해 2월 기준 61.4퍼센트까지 올랐습니다. 4년 만에 20퍼센트포인트가 상승한 겁니다.

어느 정도 예견된 일이었습니다. 전세는 전 세계에서 찾아보기 드문 한국 특유의 주택 임대차 방식입니다. 그러다 보니 영어로도 한국말 그대로 'Jeonse'로 표기합니다. 외국에서도 집을 빌릴 때 보증금을 내지만, 한국식 전세처럼 매달 임차료 없이 거주하다가 계약 만료 시 보증금을 돌려받는 방식은 없습니다. 전세는 고성장, 고금리 시대와 금융 시스템의 미비가 결합해 만들어 낸 한국식 사금융입니다.

전세는 1970년대로 접어들며 보편화됩니다. 급격한 산업화로 농촌 인구가 대거 서울로 올라왔죠. 당연히 집이 필요합니다. 주택 수요가 폭발적으로 증가하는데, 정부는 부유럽 복지 국가처럼 공공 임대 주택을 지을 여력이 없었죠. 그래서 그 수요를 민간에 떠넘깁니다. 주거 문제는 민간에서 알아서 해결하라는 거죠.

그런데 당시엔 지금 같은 가계 금융 시스템이
없었습니다. 대출은 수출 기업이나 받는 것이지, 개인이 받을
수 있는 게 아니었습니다. 평범한 사람은 제도권 은행에서
대출을 받을 수 없었습니다. 하물며 대기업도 명동 사채를
쓰던 시절이었으니까요. 그래서 당시 민간인이 목돈을
만들려면 계 모임을 하는 수밖에 없었습니다.

이런 시대적 맥락에서, 집을 사려는 사람이
부족한 돈을 마련하기 위해 자기 집을 전세로 내주는
관습이 생겼습니다. 임대인에게 전세금은 무이자 대출이나
다름없었죠. 임대인은 갖고 있던 돈에다 임차인에게 받은
전세금으로 집을 사고, 남은 돈은 은행에 예치하거나 사업
자금으로 썼습니다.

당시만 해도 은행 예금 이자가 연 20퍼센트를
넘었습니다. 임대인은 부동산을 잠깐 빌려주는 대가로
임차인에게 사실상 '무이자 대출'을 받고, 그 돈을 은행에
넣어 두기만 해도 3년 반쯤 지나면 원금이 두 배가 됐습니다.
게다가 자고 일어나면 집값이 오르는 시대였습니다. 매달
월세를 받는 것보다 집값 상승으로 얻는 시세 차익이 더
컸습니다. 임차인에게 받은 전세금을 종잣돈으로 다른
집을 또 사고, 집값이 오르기를 기다리는 전략이 자산 가치

극대화에 유리했습니다.

　　　　임차인 역시 다달이 나가는 돈이 없는 전세를
선호했습니다. 월세는 자금 축적 기능이 없습니다. 월급에서
월세 빼고 생활비 빼면 남는 게 없죠. 그래서 한번 월세는
영원한 월세라는 말도 있습니다. 하지만 전세는 계약 기간
동안 돈이 묶여 강제 저축 기능이 있습니다. 원금 손실
우려도 없고요. 전세는 소형 평형에서 시작해 중형 평형으로
옮기고 그러다 내 집 마련에 이르게 되는 사다리 역할을 하는
제도였습니다.

　　　　그런데 이런 구조가 무너지고 있습니다. 전세가
월세로 바뀌는 근본적인 원인은 주택 공급의 감소입니다.
공급이 줄어드니 매매가가 오르고, 전세가도 덩달아
오릅니다. 게다가 지금은 저성장, 저금리 시대입니다.
임대인으로선 전세 보증금을 은행에 예치해 박한 이자를
받느니, 월세를 받는 게 더 이득입니다. 또한 전세 보증금
말고도 임대인이 금융권에서 목돈을 만들 방법도 많아졌고요.

　　　　임차인도 전세보다 월세를 택할 수밖에 없는
상황입니다. 정부가 가계 부채를 줄인다고 전세 대출
규제를 강화하면서 대출을 받기가 어려워졌습니다. 또 최근
몇 년 사이에 집값보다 전세금이 높은 깡통 전세와 전세

사기 문제가 사회 문제로 떠오르면서 임차인의 리스크가 급증했습니다. 그러다 보니 보증금 떼일 걱정이 덜하고 설사 떼인다 해도 인생이 끝장나지는 않을 월세를 선호하는 현상이 나타났죠.

이렇듯 임대인과 임차인의 수요가 맞물리면서 전세에서 월세로 전환하는 세입자가 늘고 있습니다. 월세 전환은 일시적인 현상이 아닙니다. 지금 같은 저성장 고위험 시대에 전세는 지속되기 어렵습니다. 전세가 아예 사라지진 않겠지만, 월세가 임대차 시장의 대세가 될 겁니다. 이제 월세에서 전세로, 전세에서 매매로 넘어가는 패턴은 끝났습니다. 지금 집을 보유하지 않은 젊은 세대는 앞으로 월세이거나 자가이거나, 둘 중 하나를 택하게 될 겁니다.

서비스로서의 주거

요즘 전·월세 전환율이 6퍼센트쯤 됩니다. 전세로 1억 원 하는 방이 있다면, 이 방을 월세로 돌리면 연 600만 원이 된다는 뜻입니다. 월 50만 원이죠. 임대인이 이 방을 전세로 내놓고 1억 원을 은행에 예치하면 이자 수익은 연 250만 원 내외입니다. 월 20만 8300원입니다. 제가 집주인이래도 월세를 택하겠죠.

월세 전환이 빨라지면서 주택 임대차 시장에 기업이 뛰어들고 있습니다. 사실상 수익률 0퍼센트로 집을 빌려주던 전세 상품이 사라지고 — 다시 말해 가격 경쟁력이 있던 경쟁자가 사라지고 — 그 자리를 수익률 6퍼센트 혹은 그 이상의 월세가 차지하니, 기업들로선 이 기회를 놓칠 수 없겠죠.

국내 임대차 시장은 개인이 개인에게 전·월세를 놓는 민간 개인 임대가 공공 임대 주택을 빼면 99퍼센트에 달합니다. 집주인이 동네 아저씨, 아줌마라는 얘기입니다. 그런데 기업형 임대 사업은 임대인이 개인이 아니라 법인입니다. 집주인이 회사인 거죠. 북미와 유럽에선 주거를 상품과 서비스로 다루는 기업형 임대가 성행하고 있습니다. 한국은 전세가 월세로 옮겨가면서 이 시장이 막 열리는 단계죠.

이런 기업형 임대용 건물을 'Build to Rent(BTR)'라고 합니다. 판매를 목적으로 지었다가 임대로 전환되기도 하는 기존 부동산과 달리, 애초에 임대를 목적으로 설계하고 건설된 대규모 주거 단지입니다. 대규모로 월세 놓으려고 만든 건물이죠.

북미와 영국에서는 2008년 글로벌 금융 위기 이후 BTR 모델이 빠르게 확산하고 있습니다. 런던에선 사모 펀드가 운영하는 BTR이 신규 주택 공급의 5분의 1을 차지합니다. 이 모델이 인기를 끄는 데엔 요즘 세대의 인생관도 한몫을 합니다. 요즘 젊은 세대는 '내 집 마련'을 인생 목표로 삼지 않습니다. 직업 이동, 도시 이동이 빈번해졌고, 안정적 삶보다 유연한 삶이 더 중요해졌습니다. 연금 고갈 등으로 불확실한 미래보다 지금의 행복에 더 큰 가치를 둡니다.

BTR은 이런 삶의 방식에 딱 맞는 상품입니다. 계약 기간도 한 달부터 6개월, 12개월 등 다양하게 설정할 수 있고, 기본 가구도 제공합니다. 공용 라운지, 피트니스센터, 코워킹 스페이스를 갖춘 곳도 많죠. 주거를 서비스화(Living as a Service)해서 관리, 수리, 보안, 커뮤니티 서비스를 패키지로 제공합니다. 입주자는 주거와 생활, 커뮤니티를 '구독 서비스'처럼 소비합니다. 집을 빌린다기보다 삶을 구독하는 것에 가깝습니다.

이런 변화를 가속한 건 역시 대형 기관 투자자입니다. 연기금, 보험사, 리츠, 펀드가 안정적인 장기 수익원을 찾다가 기업형 임대 주택 시장에 진입했습니다. 특히 2008년 글로벌

금융 위기 이후, 토지와 주택 자산을 헐값에 매입한 펀드들이
이를 임대용으로 운영해 지속적인 현금 흐름을 만들기
시작합니다. 주거가 장기 수익형 투자 자산이 된 거죠.

국가의 실패도 이런 변화를 거들었습니다. 뉴욕,
런던, 토론토 같은 대도시에 고용이 집중되고 인구가
몰리는데, 주택 공급은 부족했습니다. 정부는 직접 공급할
여력도 의지도 없었고, 결국 민간 기업이 BTR 방식으로 임대
주택을 대규모 공급하게 됩니다.

영국 런던에 위치한 세계 최대 규모의 코리빙 하우스 '콜렉티브 올드
오크'

토지의 현금화 솔루션

세계 자본주의의 종주국인 미국, 영국, 캐나다에만 기업형
임대 시장이 있는 게 아닙니다. 한국과 지리적, 문화적으로

가깝고 집에 대해 비슷한 정서를 지닌 일본만 해도 이 시장이 활발합니다. 우리만 전세 제도 때문에 ― 혹은 덕분에 ― 기업형 임대 시장의 발전이 늦었죠. 다만 일본의 기업형 임대 시장은 앞서 소개한 북미, 유럽과는 성장 배경이 조금 다릅니다.

다이토켄타쿠는 일본 최대의 임대 주택 기업입니다. 일본 영화나 드라마에서 흔히 볼 수 있는 2~3층짜리 소형 임대 주택을 짓고, 임대 관리 서비스를 제공합니다. 영미권 임대 기업과 달리 다이토켄타쿠는 토지를 매입하진 않습니다. 토지 소유주가 회사에 토지를 맡기면 회사가 그 땅에 건물을 짓고 세입자를 모집해 월세를 놓습니다. 회사는 최장 35년의 장기 임대 계약을 통해 토지 소유주에게 매달 안정된 임대료 수익을 보장합니다. 세입자 모집과 운영 리스크는 회사 측이 떠안고요.

다이토켄타쿠가 현재 관리하고 있는 임대 주택은 123만 호입니다. 일본 내 임대 주택 관리 호수 기준으로 27년 연속 1위입니다. 현재 인천광역시의 주택 호수가 110만 호입니다. 인천에 있는 전체 주택보다 많은 주택을 민간 기업 한 곳이 관리하는 겁니다.

왜 일본에선 기업형 임대 시장이 발달했을까요?

가장 큰 이유는 1990년대 버블 붕괴입니다. 1980년대 후반에 일본 경제는 정점을 찍었습니다. 1년 사이 도쿄 땅값이 세 배가 뛰기도 했죠. 도쿄를 팔면 미국을 살 수 있다는 말까지 나왔습니다. 그러다 1991년 거품이 터지면서 땅값이 30년간 하락합니다. 땅값이 10분의 1로 떨어진 지역도 있었습니다. 방치된 건물도 속출했죠.

이런 상황에서 땅을 보유하고 있으면 고정자산세, 도시계획세 같은 세금을 매년 내야 하고, 그렇다고 땅을 팔자니 사겠다는 사람도 없습니다. 자고 일어나면 땅값이 떨어지는데, 사는 사람으로선 지금 사면 바보니까요. 그렇다고 땅에 건물을 세우자니 건축비가 부담스럽습니다. 손실만 누적되는 딜레마 상황이 발생합니다.

게다가 땅을 가진 단카이 세대는 점점 나이가 들고 있었습니다. 땅을 그냥 뒀다가 갑자기 세상을 떠나기라도 하면 자녀들이 막대한 상속세를 내야 할 수 있습니다. 땅은 수익을 못 내더라도 시장 가치 기준으로 과세가 되니까요. 일본은 상속세 최고 세율이 55퍼센트입니다. 돈도 벌리지 않고 팔리지도 않는 땅을 갖고 있다가 세금 폭탄을 맞을 수 있죠.

이런 시기에 나이로켄타쿠 모델이 등장한 겁니다.

다이토켄타쿠는 토지 소유주에게 이렇게 제안합니다.

"고객님 땅에 임대 주택을 지어 드리겠습니다.
건축비는 걱정하지 마세요. 당사와 함께하는 금융 파트너사가
대출을 지원해 드립니다. 임대 주택이 완공되면 당사가
최장 35년간 임대 관리를 해드립니다. 세입자 모집부터
응대, 수선까지 걱정하실 필요가 없습니다. 공실이 발생해도
저희가 책임집니다. 고객님께서는 땅을 빌려주는 대가로 매달
안정적인 고정 수입을 받을 수 있습니다."

한마디로, 팔 수 없는 토지를 현금 창출 자산으로
전환해 주겠다는 거죠. 이 전략은 제대로 먹혔습니다. 일본
전역에 걸쳐 다세대 소형 임대 주택이 급속히 퍼집니다.
다이토켄타쿠, 다이와하우스, 미쓰이부동산, 레오팔레스21,
세키스이하우스 같은 대형 임대 기업이 성장합니다. 이들의
비즈니스 모델은 엄밀히 따지자면, 토지를 거래했다기보다
토지의 '현금화 솔루션'을 판매한 겁니다.

집주인이 모건스탠리

미국, 영국, 일본처럼 한국도 이제 이 시장이 열리고
있습니다. 전세가 주춤하니까 월세 장사가 기업도 뛰어들

만한 비즈니스가 되는 거죠. 100조 원이 넘는 자산을 굴리는 미국의 부동산 개발업체 하인스(Hines), 글로벌 투자 은행인 모건스탠리 등이 국내 주거용 임대차 시장에 진출했습니다. 윤석열 정부는 전세 사기 같은 임대 시장의 문제를 해소하기 위해 민간임대주택법을 개정해 외국 자본이 임대 목적의 집합 건물을 공급하는 것을 확대하고자 했습니다. 모건스탠리 같은 회사가 세입자의 보증금을 떼먹을 일은 없을 테고, 개인 공급만으로는 한계가 있으니 국내 기업이든 해외 기업이든 법인 공급을 늘려야 한다는 취지입니다.

앞서 살펴봤듯 한국 주택 임대차 시장의 공급자는 공공 임대를 제외하면 99퍼센트가 개인입니다. 저성장 저금리 시대의 사회 구조상 앞으로 미국, 영국, 일본처럼 법인 임대가 늘어날 수밖에 없습니다. 그러니 외국 기업들이 한국 월세 시장에 기회가 있다고 판단하고 속속 뛰어들고 있는 것이죠. 이렇게 되면 10년 내로 일본처럼 특정 회사가 주택 몇십만 호를 관리하게 될 수도 있습니다.

국내 기업의 진출도 활발합니다. KT 자회사 KT에스테이트는 최근 서울 광진구에 '리마크빌 이스트빌'이라는 기업형 임대 주택을 오픈했습니다. 벌써 7번째 건물입니다. 지하 7층에 지상 34층, 282가구

규모입니다. SK 자회사 SK디앤디도 '에피소드'라는
브랜드를 운영합니다. 코리빙 하우스 '맹그로브'를 운영하는
엠지알브이(MGRV)는 캐나다연금투자위원회에 공동으로
서울 중심에 1500실 규모의 1~2인용 주거 시설을 개발할
예정입니다.

이런 곳들은 일반적인 원룸이나 다세대 주택과
확연히 다릅니다. 입주민을 위한 라운지는 물론이고 공용
음악, 영상 감상실을 갖춘 곳도 있습니다. 오락, 운동, 휴식,
업무를 할 수 있는 편의 시설도 있죠. 방은 좀 좁을 수 있지만,
혼자라면 꿈도 못 꿀 고급 공용 시설과 장비를 내 것처럼
이용할 수 있습니다. 대신 비쌉니다. 지역과 브랜드에 따라
차이가 나지만 대개 1인실이 월 100만 원 수준입니다.

이름만 대면 알 만한 국내외 대기업들이 왜 한국 월세
시장에 뛰어들까요? 일단 사회 구조적 변화가 있습니다. 국내
1인 가구가 전체 가구의 35퍼센트, 2인 가구가 29퍼센트를
차지합니다. 1~2인 가구를 합하면 64퍼센트입니다. 당연히
작은 집을 찾는 사람이 많습니다. 게다가 인구는 줄어드는데,
가구 수는 늘어납니다. 임대 기업으로선 고객이 증가하는
셈입니다. 작은 땅에 높은 건물을 올려서 다닥다닥 붙은 방을
월세로 놓을 수 있으니 수익률이 올라가는 가구 구성입니다.

자산 부동화도 임대 기업에는 기회가 됩니다. 한국도 일본처럼 토지를 보유하고 있지만, 개발 능력이 없는 개인이 늘고 있습니다. 땅만 있고 통장에 잔고는 없는데, 나이는 듭니다. 증여세와 상속세 문제가 불거집니다. 땅을 팔거나(하지만 살 사람은 없고), 땅을 굴려 돈을 벌어야 합니다. 임대 기업에 땅을 맡기는 것도 좋은 투자가 될 수 있습니다. 또한 정부의 공공 임대 정책이 한계에 부딪히면서 민간 주도의 소형 임대 시장을 활성화할 가능성도 크고요. 기업으로선 뛰어들 만한 비즈니스가 된 겁니다.

SK디앤디의 에피소드 성수 101

주택의 금융화

집주인이 개인에서 기업으로 바뀌어 가는 흐름은 단순히

임대차 계약서의 임대인 이름이 바뀌는 변화에 그치지 않습니다. 사회와 경제 구조, 개인과 공동체의 관계가 변하는 징후로 볼 수 있습니다. 전세에서 월세로의 전환, 개인 임대인에서 기업 임대인으로의 전환은 부동산에 대한 우리의 기존 상식을 뒤엎습니다.

과거 땅과 집은 개인이나 가족 단위로 소유하고 운영했습니다. 그러나 부동산 가치가 커지고 복잡해지면서 개인이 관리하고 감당하기 어려운 자산이 되고 있습니다. 서울 강남엔 매매가 70억 원이 넘는 25평 아파트가 이미 등장했습니다. 자산의 대형화, 복잡화, 기관화로 부동산도 이제 전문 비즈니스의 영역이 됐습니다.

예전에는 집이 생계 수단이었지만, 이제는 비트코인 같은 투자 상품이 되어 갑니다. 물론 과거에도 집은 투자 상품이었지만, 그때는 집 한 채 가지고 세를 놔 먹고살거나 차익을 실현하는 정도였습니다. 지금은 집의 유동성이 훨씬 커졌습니다. 기업형 임대인은 단순히 임대료만 따지는 게 아니라, 공실률과 운용 비용, 리스크 헤지, 매각 이익까지 계산합니다. 집이 단순 자산에서 운용하는 자산으로 바뀌고 있습니다.

이 흐름이 가속하면 토지와 주택은 더 이상 사서

묻어 두는 게 아니라, 운용하고 참여하는 자산이 됩니다. 최근 '주택의 금융화'라는 말이 학계에서 회자하는데요, 금융 부문이 주택 시장의 변화를 주도하는 것을 의미합니다. 주택 금융화가 더 진전되면 주택은 거주 공간이나 차익 실현 정도를 거두는 자산이 아니라 금융 상품으로 취급될 수 있습니다. 주택을 담보로 대출을 받는 정도가 아니라, 파생 금융 상품처럼 복잡성을 지닌 투자 상품이 되는 거죠.

주택 금융화와 기업형 임대 시장이 본격화하면 어떤 변화가 일어날까요? 우선 임대차 계약이 사적 네트워크에서 시장 기반 관계로 바뀝니다. 요즘은 덜하지만, 20~30년 전까지만 해도 집주인과 세입자는 이웃처럼 개인적 관계를 맺었습니다. 〈응답하라 1988〉의 덕선이네를 생각하시면 됩니다. 월세가 좀 밀려도 며칠 기다려 달라고 할 수 있었죠.

그러나 기업형 임대는 계약과 규정, 시스템으로 관리됩니다. 개인 간의 유연함은 사라지고, 계약서대로 합니다. 월세를 1초만 밀려도 1층 출입문이 열리지 않으며 "결제 실패로 키 카드가 작동하지 않습니다. 커뮤니티 매니저에게 문의 바랍니다"라는 메시지가 나오겠죠. 신뢰- 관계 사회에서 계약-시스템 사회로 이행합니다.

거주권에 대한 인식도 바뀝니다. 지금까지도 소유는

가장 안정적인 거주 방식입니다. 집을 소유할 수만 있다면
소유하는 것이 바람직하다고 여겨지죠. 하지만 기업형 임대가
보편화하면 소유가 아닌 임대(구독)가 일반적이고도 지속
가능한 거주 방식으로 채택될 수 있습니다. 불과 10여 년
전만 해도 우리는 MS오피스를 정품 CD로 구입해 썼습니다.
지금은 아무도 그렇게 하지 않죠. 소유하지 않고 구독합니다.
집이라고 예외가 될 수는 없습니다.

결국 도시의 얼굴이 달라집니다. 개인 임대는 — 좋은
쪽이든 나쁜 쪽이든 — 지역별로 개성을 지니지만, 기업형
임대는 표준화된 건축과 서비스를 제공합니다. 기업형 임대는
도시를 더 균질하고 효율적으로 만들지만, 동시에 획일적이고
무표정하게 만듭니다. 동대문과 합정과 쌍문동의 모습이
비슷해지는 겁니다. 도시는 더 효율적이지만 덜 인간적인
곳이 될 수 있습니다.

그때가 되면 집은 더는 정서적 기반이 아니라
관리해야 할 포트폴리오 중 하나가 되어 있고, 이웃은 사회적
관계가 아니라 서비스 제공자와 고객 관계로 변하고 있고,
거주는 삶이 아니라 구독하는 것으로 바뀌고 있을 겁니다.
주택의 금융화는 인간관계의 계약화, 삶의 서비스화를
촉진합니다.

주거 시장의 변화는 홀로 일어나는 게 아닙니다. AI와 자동화의 고도화, 정치·경제·사회 변화, 인간 심리의 변화까지 모두 맞물려 복합 가속합니다.

AI는 주거를 초개인화합니다. AI는 입주자의 데이터를 분석해 그 사람에게 맞는 집을 자동 추천합니다. AI 기반 스마트홈이 집마다 있는 가스보일러처럼 보편화하면 집이 서비스화됩니다. 조명과 온도 조절, 보안 관리까지 AI 시스템이 자동으로 관리하고, 시설 관리부터 입주자 민원 처리까지 AI 에이전트가 담당하게 됩니다. 기업 입장에선 운영비를 대폭 절감할 수 있습니다. 비용이 줄어드니 더 많은 기업이 임대 시장에 진입할 수 있겠죠.

로봇과 자동화를 활용한 건설도 변화를 가속합니다. 로봇 시공, 3D 프린팅 건축처럼 저비용으로 초단기 시공이 가능한 주택이 등장합니다. 일본에선 이미 프리패브(pre-fab) 공법이 임대 주택 건설의 공식입니다. 공장에서 모듈을 생산하고 현장에서는 조립만 합니다. 대규모로 빠르게 표준 주거 단지를 생산할 수 있습니다. 주택이 공산품처럼 만들어지는 거죠.

플랫폼 경제도 변화를 앞당깁니다. 이제 집도 플랫폼 안에서 소비됩니다. 집을 구하는 것부터 계약, 입주, 관리까지 하나의 앱에서 끝나는 시대가 도래합니다. 월세, 관리비, 부가 서비스 요금을 하나의 구독료로 결제하는 패키지가 등장하겠죠. 결국 주거는 플랫폼 상품으로 흡수됩니다. 집은 플랫폼에서 여러 상품 중 — 청소 서비스 결합 상품, 세탁 서비스 결합 상품 등 — 마음에 드는 걸 골라 구독하는 생활재가 될 수 있습니다. 유플러스의 '유독'처럼 말이죠.

정치 상황도 기업형 임대에 유리한 방향으로 흐를 겁니다. 주거의 서비스화가 진전되면 주거를 '공공' 서비스로 바라보는 인식이 강화하면서 점점 더 많은 시민이 주거를 기본 권리라고 요구하게 될 겁니다. 월세부터 보안 서비스까지 국가가 일부를 책임져야 한다는 생각이 커질 수 있죠. 정부는 기업형 임대를 장려하는 동시에, 임대료 규제, 공공과 민간의 혼합 모델 같은 정책을 추진하게 될 겁니다. 기업을 규제하는 만큼 예산 지원, 세제 혜택 등을 주겠죠. 기업으로선 나쁠 게 없습니다. 국가 사업에 참여하는 것만큼 쉽게 돈 버는 일이 없으니까요.

이러한 기술, 경제, 정치의 변화를 가능하게 하는 건 결국 사람입니다. 사람들은 관계를 원하지만 동시에

자유를 원합니다. 소속감을 원하면서도 소유의 부담과
고정성을 싫어합니다. 이런 모순이 가벼운 커뮤니티, 자율적
네트워크, 계약적 공동체의 부상을 이끕니다. 의무감 없이
원할 때만 참여하는 모임이죠. 브랜드 주거는 이런 심리에
딱 들어맞습니다. 앞으로 거주지를 선택하는 일은 공동체가
아니라 경험을 선택하는 게 됩니다.

기업형 임대의 비즈니스 모델

기업 입장에서 단순히 공간을 빌려주는 것만으로는 수익률이
충분하지 않습니다. 아까 전·월세 전환율이 6퍼센트쯤
된다고 했는데요, 거금 들여서 6퍼센트 먹자고 신사업에
뛰어들 대기업은 없습니다. 구독 서비스 성장의 열쇠는 한 번
열은 지갑을 계속 열려 있게 하는 겁니다. 신규 멤버 확보도
중요하지만, 신규 멤버를 얻으려면 판매관리비를 퍼부어야
합니다. 기존 멤버의 지갑에서 돈을 더 꺼내는 편이 수익성이
훨씬 좋습니다. 결국 부가 서비스 판매에서 성패가 갈립니다.
　기업형 임대의 기본 비즈니스 모델은 이렇습니다.
임대료 수입이 기본이고, 여기에다 부가 서비스 수입이
추가됩니다. 지출 항목으론 건설비, 운영비, 인건비, 유지

보수비, 마케팅비 등이 있습니다. 수익률을 방어하려면 우선 공실률을 최소화해야 합니다. 장기 거주를 유도해야겠죠. 여기에다 프리미엄 수익을 창출해야 하는데요, 그러려면 커뮤니티 서비스를 강화해야 합니다.

　　　한 달에 월세 100만 원을 내고 살러 들어온 사람에게 숙박 외에 다른 것도 파는 겁니다. 공용 라운지, 키친, 정원, 오락 시설을 꾸리고, 북클럽과 요가 모임 같은 입주자 모임을 개설합니다. 커뮤니티 앱에서 공간 예약을 하고, 모임 멤버를 모집하고, 중고 물품도 거래할 수 있게 합니다. 입주자 간 네트워크를 강화해서 장기 거주를 유도하는 동시에, 부가 서비스와 커뮤니티 프로그램을 판매해서 추가 수익을 올립니다.

　　　부가 서비스는 다양하게 구성할 수 있습니다. 먹고 자고 만나고 대화하고 생활하는 모든 걸 유료 패키지로 제공하는 겁니다. 청소, 세탁, 배달, 식사 서비스를 월정액 구독형으로 판매할 수 있고, 반려동물 가구를 대상으로 펫케어 서비스를 제공할 수 있습니다. 플리마켓이나 클래스 같은 프로그램을 열어 입주자와 수익을 쉐어할 수도 있고요. 핵심은 단순 임대료 수익 외에 월 구독 수익(Monthly Recurring Revenue·MRR)을 창출하는 겁니다.

임대 주택은 데이터 기반으로 운영될 겁니다. 거주 만족도 조사, 공실률 분석, 시설 이용 패턴 분석, 동네 시세와 수요 공급에 따른 임대료 산출, 세입자 렌트 신용 점수 분석 등이 모두 AI로 자동화될 수 있습니다. 주먹구구식 건물 임대업이 아니라, 돈이 벌릴 수밖에 없는 구조로 AI가 사업을 끌고 가게 될 겁니다. "공실률 목표는 5퍼센트 이하, 평균 거주 기간은 3년 이상, 부가 서비스 매출 비중은 30퍼센트, ROE는 9퍼센트 이상" AI에 이런 숫자를 입력하면 임대 주택이 그 방향대로 굴러가게 되겠죠.

영국 콜렉티브 올드 오크의 로비

종합하면, 미래의 주택 임대 기업은 공간을 빌려주는 게 아니라 삶의 경험을 구독시키는 것을 수익 모델로 삼게 됩니다. 월세로 버티고, 커뮤니티로 이탈을 막고, 부가 서비스로 추가 수익을 만드는 방식으로 운영될 겁니다. 사실 딱히 새로운 방식도 아닙니다. 우리에게만 낯설 뿐 외국에선 이미 벌어지고 있는 일이니까요. 영국의 콜렉티브 올드 오크(Collective Old Oak)가 대표적이죠. 이들은 집을 넘어 '사회적 소속감'까지 팔고 있습니다.

2035년 한국형 주거 시장

한국 주거 시장도 결국 미국, 영국, 일본을 따라가게 될 겁니다. 서울과 수도권 주요 지역에서 개인 임대 주택의 비중이 줄고, 대기업과 펀드가 운영하는 임대 주택 비중이 증가할 겁니다. 한국은 경제 규모에 비해 장기 모기지 시장이 발달하지 않았습니다. 전세 제도와 '가족 금융' 덕분에 시장 도입이 지연된 겁니다. 한국 주택 구입 자금 중에 은행 대출로 조달하는 자금은 40퍼센트 수준입니다. 다른 선진국에 비해 매우 낮습니다. 차액은 부모가 도와주는 거죠. 이런 경향이 글로벌 평균을 따라가게 되면 주택의 금융화가 진전될 수밖에 없습니다.

이런 변화가 지속되면 2035년쯤에는 주거는 소유가 아니라 구독이 될 수 있습니다. 지금 10대, 20대가 20대,

30대가 되면 '내 집 마련'보다는 '좋은 집 구독'이 목표가 될지 모릅니다. 월정액 요금을 내고 유지 보수, 청소 등 기본 서비스, 보안까지 모두 포함된 주거 서비스를 이용하는 형태가 주거의 디폴트값이 될 수 있습니다. 1개월 단위의 초단기 계약 같은 새로운 주거 형태가 점차 흔한 일이 될 겁니다.

주거가 구독이 되면 주거 데이터 산업도 등장합니다. 누가 어디서 어떻게 사는지에 대한 데이터가 수집되고, 이 데이터가 보험, 대출, 마케팅에 활용될 수 있습니다. 이 사람이 세입자로서 얼마나 믿을 만한지를 수치로 평가하는 거죠. 월세 연체 이력, 파손과 소음 민원 같은 계약 위반 이력, 현재 소득 수준과 부채 비율, 얼마나 자주 이사했는지 거주 안정성 같은 지표를 평가하게 되겠죠. 이 점수가 낮으면 입주를 거절하거나 보증금 증액을 요구하거나 추가 심사를 요청할 수 있습니다. 주거 전용 신용 점수 같은 거죠, 주거가 자산이 아니라 서비스가 되면 벌어질 일입니다.

기업형 임대가 확산하면 '우리 동네'라는 감정은 사라질 겁니다. 지금도 약간 그렇지만, 갈수록 주거지를 월세, 편의성, 교통성 중심의 기능적 거주지로 바라보게 되겠죠. 주거를 경험으로 소비하게 되면 집을 소유하려는 욕구가

줄어들고, 어떤 라이프스타일의 공간에서 살 것인지가 더
중요해집니다. 호텔형 주거, 커뮤니티형 셰어하우스, 1인
주거, 2인 주거, 여성 전용 주거 같은 맞춤형 주거가 점점
일반화하겠죠.

도시 양극화는 심화할 수 있습니다. 고가의 기업형
임대 주택은 도심 한가운데에 위치하고, 깨끗하고 안전하고,
수영장과 바까지 갖추고 있겠지만, 소수의 부유층만 이용할
수 있겠죠. 저소득층은 최소한의 서비스만 제공하는 노후
단지로 밀려날 수 있습니다. 게다가 무료 커뮤니티 서비스를
제공했던 과거의 동네 공동체가 사라진 상태라 주거 만족도가
더 떨어질 수 있습니다.

그때가 되면 한국 부동산 시장은 3층 구조로 재편될
수 있습니다. 최상층부에는 초고가 소유 부동산이 있습니다.
강남, 용산, 판교, 제주와 일부 광역시의 노른자 땅이 여기에
해당합니다. 소수 부유층이 직접 소유하는 구조입니다.
가운데 층은 대형 기업형 임대 부동산이 차지합니다.
수도권과 광역시의 핵심 지역에 중산층과 고소득자를
대상으로 임대 주택을 서비스합니다. 저층은 공공 임대
주택입니다. 저소득층, 청년층, 노년층을 대상으로 정부와
지자체, 공공 기관이 운영하게 됩니다.

지금 주거는 건물 브랜드 중심입니다. 힐스테이트와
푸르지오와 e편한세상과 아이파크와 롯데캐슬과 래미안
같은 아파트 브랜드 이름이 중요합니다. 앞으로는 살아가는
경험이 더 중요해집니다. 주거가 LaaS(Living as a Service)로
제공되면서 20~30대 1인 가구가 사는 스마트 싱글 하우스,
30~40대 부부가 사는 패밀리 리빙 하우스, 60대 이상
은퇴자가 사는 액티브 시니어 하우스, 프리랜서와 원격
근무자가 사는 디지털 노마드 코리빙 하우스, 20~40대
여성이 사는 여성 전용 세이프 하우스…… 이런 식으로
입주자의 라이브스타일별로 주거가 커스터마이징됩니다.

지금 유명 브랜드 아파트에 산다고 하면 그저 돈
많은 사람으로 여겨지지만, 10년 후에는 어느 주거 브랜드에
사는지에 따라 내가 누구인지를 드러내는, 정체성 표현의
수단이 될 수 있습니다. 집을 선택하는 일은 개인화되고,
서비스화되고, 정체성 기반으로 세분화합니다. 물론 이것도
돈이 있어야 가능한 일입니다.

임차인이 맞이할 변화

기업형 임대가 확산해서 주거가 사적 거래에서 공적 시장

거래로 전환되면 임차인에게도 큰 변화가 생깁니다. 우선 주거 안정성이 높아집니다. 개인 집주인은 언제든지 "내가 들어가서 살려고요"라고 말하면서 계약 갱신을 거부할 수 있습니다. 그러나 기업형 임대는 수익 유지가 운영 목적이라 세입자가 월세를 밀리지 않는 한 내보낼 이유가 없습니다.

거래 과정도 투명해지겠죠. 선금을 걸어 두거나 이면 계약서를 쓸 일이 없어집니다. 기업형 임대는 표준 계약서에 따라 가격을 정하고 계약을 갱신하고 퇴거 절차를 밟게 됩니다. 모든 과정이 명문화되어 있어 부당한 요구를 당할 가능성이 줄어듭니다.

주거 품질과 서비스도 좋아집니다. 기업형 임대는 시설 하자 보수, 청소, 보안 서비스까지 패키지로 제공합니다. 특히 1인 가구 대상 임대에선 인터넷, 가전, 청소, 커뮤니티 시설까지 세트로 제공하는 경우가 많습니다. 단순한 공간 임대차 계약이 아니라 생활 서비스 이용 계약이 되면서 삶의 질이 올라갑니다.

이 모든 장점에는 비용이 따릅니다. 결국 월세가 올라갑니다. 기업형 임대업자는 수익을 최우선합니다. 자취방 주인 할머니처럼 학생 사정을 봐주지 않습니다. 시장 가격을 철저히 반영하고, 거기에다 프리미엄까지 얹어

월세를 청구합니다. 시장이 아니라 백화점이니, 가격 협상은
없습니다.

계약 조건도 빡빡해집니다. 월세 연체나 시설 파손
같은 계약 위반 시에는 즉각적인 법적 조치가 이뤄질 수
있죠. 개인 임대라면 집주인 재량으로 웬만한 문제는 그냥
넘어가는 경우가 있지만, 기업은 그렇게 운영할 수 없습니다.
모든 걸 매뉴얼대로 진행합니다. 임대 사무실의 사례이긴
합니다만, 몇 년 전에 공유 오피스 위워크에 입주했던 기업이
사무실 벽에 양면테이프로 그림을 붙였다가 떼면서 테이프
자국이 남았는데, 위워크가 페인트 도장 작업 비용으로 252만
원을 청구한 적이 있었습니다. 개인 임대였다면 그냥 넘어갈
수준의 파손이었는데 말입니다.

청년과 은퇴자의 월세

신문, 잡지, OTT부터 정수기, 냉장고, 에어컨, 자동차까지
모든 걸 구독하는 시대입니다. 집도 10~20년 내로 그렇게
되겠죠. 그때도 집을 소유하는 부유층이 여전히 있겠지만,
대다수는 주거 서비스를 이용하는 사용자가 될 겁니다. 저는
이런 변화가 달갑지는 않지만, 그렇다고 걱정할 것만은

아니라고 생각합니다. 지금도 월세를 내는 사람이 많고, 전세나 자가로 살더라도 은행에 사실상 월세를 내는 사람이 많으니까요.

다만 구독형 주거가 확산할수록 사회 초년생과 은퇴자의 어려움이 커질 수 있습니다. 지금 기업형 임대 주택은 1인실이 월 100만 원쯤 하는데, 고정 수입이 없는 사람에겐 너무 큰 부담이죠. 게다가 기업이든 개인 임대든 월세는 전반적으로 오를 겁니다. 그동안은 전세 수요가 월세 인상을 억누르고, 월세 수요가 전세 보증금 인상을 억눌렀는데, 강력한 라이벌(전세)이 사라지니 월세가 오를 수밖에 없죠. 정책적 지원이 필요할 텐데요, 젊은 층의 주거비 부담을 낮추기 위해서는 정책, 시장, 기업이라는 세 축이 모두 필요합니다.

공공과 민간이 협력해 임대 주택을 공급하는 공공 지원 민간 임대 모델을 활성화할 필요가 있습니다. 예를 들어 정부가 임대료의 일정 비율을 보조하거나, 공동 택지를 저렴하게 제공하는 대신 기업이 젊은 세대를 대상으로 시장가 대비 70~80퍼센트 수준의 월세 주택을 일정 비율 이상 공급하도록 하는 겁니다. 실제로 SK디앤디의 임대 주택 '에피소드'는 일부 지점을 숙명여대의 지원을 받아 학생

기숙사처럼 운영하고 있습니다.

급여 소득이 끊기는 은퇴자는 매달 고정비를 감당하기 어렵습니다. 은퇴자를 위해서는 고정 렌트 패키지 같은 상품이 필요할 수 있습니다. 초기 계약을 할 때 10년간 월세 인상 없는 고정 렌트 계약을 맺는 거죠. 또 보증금을 많이 내고 이후 월세를 할인받는 방식도 가능합니다. 보험처럼 주거 안정 상품이 출시될 수도 있을 테고요. 은퇴자가 가진 자산을 담보로 설정하고 그 담보로 렌트를 지원받는 역모기지 렌트 플렌도 생각해 볼 수 있습니다.

정부가 민간 브랜드 주거 기업과 협력해 저소득 은퇴자를 위한 공공 주거 상품을 만들 수도 있겠죠. 예컨대 60세 이상, 소득 하위 30퍼센트에 해당하는 사람이 임대 주택에 저가 월세로 입주 가능하게 하는 식입니다. 여기에다 복지 서비스를 연계할 수도 있고요. 기업형 임대 주택의 사회적 역할을 제도화하는 겁니다.

은퇴자를 대상으로 코리빙 모델을 확산하는 건 여러모로 장점이 있습니다. 소규모 공동 생활형의 주거를 갖춰서, 개인 방은 작게 하고 주방, 라운지 같은 공용 공간을 크게 하면 렌트비를 낮출 수 있습니다. 커뮤니티 생활을 통해 고립도 막을 수 있죠.

본질적인 문제도 있습니다. 집이 구독하는 서비스가 되면 개인이 젊을 때부터 주거 연금, 주거 보증 보험 같은 새로운 금융 상품을 준비해야 할지도 모릅니다. 국가 차원에선 기본소득형 주거 보조 정책을 검토해야 하겠죠. 도시 설계 역시 연금 외 현금 흐름이 없는 은퇴자를 고려해 저비용, 고안정 주거지를 따로 조성하는 방향으로 가야 할 겁니다.

기업형 임대, 구독형 주거의 구체적인 미래를 현재로선 예단할 수 없습니다. 다만 글로벌 트렌드와 기술의 발전, 인구 구조와 고령화, 1인 가구 증가, 개인 심리의 변화 등을 종합할 때 피할 수 없는 흐름이라고 생각합니다. 구독형 주거는 젊은 시절엔 자유를 줄 수 있지만, 은퇴 후엔 새로운 생존 문제가 될 수 있습니다. 전·월세 거래에서 월세 비중이 60퍼센트를 넘은 지금부터, 고민하고 준비해야 합니다.

그들에게도 당연히 사상적 기반이 있습니다.

바로 르네 지라르입니다.

저는 상당히 비관적인 사람입니다. 어차피 인간이란 서로를 완벽히 이해할 수 없는 존재라고 믿고 있습니다. 그런 저에게도 요 몇 년간의 사회적 갈등 상황은 압도적으로 느껴집니다. 나와 믿는 것이, 생각의 방식이 다른 누군가와 차분히 대화하기가 참 힘든 시절입니다. 갑작스럽게 닥친 대선이라는 정치적 이벤트를 앞두고는 더 그렇습니다.

우리나라만의 문제는 아닙니다. 대안적 우파(alt-right)가 급부상하며 도널드 트럼프 2기 정권을 창출해 낸 미국 사회도 마찬가지입니다. 대안적 사실(alternative facts)이라는 개념을 앞세워 주류 언론의 담론을 간단히 무력화한 트럼프 대통령을 수많은 사람들이 지지합니다. 트럼프에 찬성하는 사람과 반대하는 사람의 세계관은 완전히 별개의 것입니다. 국경보다 더 두껍고 높은 벽으로 나뉘어 있죠. 각각의 세계에서는 '사실'의 정의부터 달라지니까요.

마치 이상한 나라의 앨리스처럼, 우리가 트럼프 진영의 세계관 안으로 들어가 본다면 어떤 경험을 하게 될까요? 그곳에서 우리는 아마도 하트 여왕의 모습을 한 트럼프 대통령을 만나게 될 겁니다. 주변에는 측근들의 모습이 보이겠죠. JD 밴스 부통령도 있을 겁니다. 트럼프의 이상한 나라에서는 많은 능상인물이 한 철학자의 이야기를 되뇌고 있을 텐데요, 바로 르네 지라르(René Girard, 1923~2015)라는 인물입니다.

프랑스의 철학자 르네 지라르

르네 지라르

'사상적 기반'이라는 말을 번역하면, '이 세계를 이해하는 생각의 방식' 정도로 풀어낼 수 있을 겁니다. 트럼프 진영의 주요 인물 중 여럿이 르네 지라르의 철학을 사상적 기반으로 삼고 있습니다. 프랑스 학술원이 지난 2005년 불멸의 40인으로 꼽을 정도로 포스트모던 철학 사조에 깊은 영향을 끼친 철학자이자 인류학자입니다. 지라르의 이론을 살펴보면 MAGA(Make America Great Again) 진영의 세계관을 이해할 수 있겠죠.

　　지라르의 철학을 대표하는 용어는 '욕망의 삼각형'입니다. 예를 들어 보죠. 인간은 허기지면 먹기를 원합니다. 이것은 욕망이 아니라 필요입니다. 그런데 우리는 때로 어처구니없는 가격을 지불하고서라도 고급 레스토랑에서 미식을 즐기고 싶은 욕망을 느낍니다. 필요와는 완전히 다른 개념이죠. 그렇다면 우리는 왜 욕망을 품게 될까요? 우리와 값비싼 미식 사이에 매개자가 있습니다. 바로 그 미식을 즐기는 다른 누군가입니다. 예를 들면 인스타그램의 인플루언서 같은 사람 말입니다.

　　공동체를 이루고 사는 인간은 타인의 욕망을 욕망합니다. 그래서 갈등이 생기며 경쟁하고 충돌하게 됩니다. 이래서는 사회를 유지할 수 없겠죠. 그래서 공동체는 '희생양(scapegoat)'을 필요로 합니다. 공동체 내의 갈등과 폭력 에너지를 희생양에 집중시켜 해소하는 겁니다. 이 공동의 폭력을 통해 사람들은 오히려 소속감을 갖게 되죠.

　　사실, 원시 시대부터 인류는 희생양을 만들어 왔습니다. 신에게 가축을 제물로 바치기도 했고, 사람을 제물로 삼기도 했죠. 굉장히 폭력적인 의식입니다. 지라르는 이런 행위들이 폭력의 자가 증식을 막기 위해 발전했다고

49

주장합니다. 경험해 보신 분도 계실 겁니다. 어린 시절, 작은 말다툼이 번져 친구들 여럿이 얽힌 몸싸움으로 번지는 경험 같은 것 말입니다. 인간 사회에 갈등이 존재하는 이상 폭력은 인간은 해치는 충동이 될 수 있습니다. 희생양을 향한 폭력이 이런 일을 막아줍니다.

피터 틸

이런 지라르의 철학에 영향을 받은 인물이 꽤 많습니다. 그중에서 가장 돈이 많은 사람은 피터 틸(Peter Thiel)입니다. 페이팔의 공동 창업자이자 에어비앤비, 링크드인, 스페이스X 등을 키워 낸 거물 투자자죠. 페이스북의 첫 번째 외부 투자자로 참여한 것으로도 유명하지만, 최근에는 AI 방위 산업 스타트업인 '팔란티어(Palantir)'의 공동 창업자로 소개되기도 합니다.

틸은 스탠퍼드대학교에서 철학을 전공했습니다. 지라르는 교수였고요. 학부생 시절 틸은 지라르가 주최하는 특별한 독서 모임에 참여하며 지라르의 철학을 흡수합니다. 그리고 그 철학을 바탕으로 실리콘밸리의 전설이 되었습니다. 모방 경쟁을 피하고 경쟁자의 손이 닿지 않는 독점을 만들어

팔아야 한다는 자신의 논리에 따라 페이스북에 투자하고
팔란티어를 창업했죠.

　　　　팔란티어의 사내 문화는 틸에게 꽤 많은 영향을
받은 것으로 알려져 있습니다. 예를 들어 팔란티어에서는
대부분의 직원이 '엔지니어'로 불릴 뿐, 소수의 임원진 외에는
별도의 직함이 없다고 합니다. 직함을 만들면 사람들이 '나도
그 직함을 갖고 싶다'는 욕망을 갖게 되고 내부 정치와 경쟁을
유발할 수 있겠죠. 지라르가 주장한 모방 욕망의 관점입니다.
이와 같은 수평적 문화가 팔란티어에서는 꽤 잘 작동한다고
합니다.

　　　　그런데 틸은 정치적 입장에서도 지라르의 영향을
깊이 받았습니다. 그 결과, 틸은 자유와 민주주의는 양립이
불가능하다고 선언합니다. 우리가 생각하는 이상적인 자유
민주주의의 모습을 그려 보죠. 인간은 자율적이고 이성적인
존재입니다. 그래서 이성적 토론과 다원주의를 통해 각종
사회 문제에 관해 합의를 이끌어 낼 수 있죠. 그러나 지라르에
따르면 인간은 이성적 주체가 아니라 타인의 욕망을 모방하는
존재입니다. 그런 인간이 만들어 낸 공적 합의는 논리에 따라
도출된 것이 아니라 희생양이라는 야만적 방법을 피하기
위한 임시방편일 뿐이고요. 결국, 공적 합의는 무력에 의한

통제 없이는 지속될 수 없습니다. 경찰 행정력이나 사법부의 구속력 같은 것 말입니다.

게다가 민주주의 또한 모방 욕망을 자극하는 시스템입니다. 권력과 자원의 분배를 선거라는 경쟁 시스템에 맡기니까요. 이러한 경쟁은 모방 욕망을 확대하고 결국 폭력을 유발할 수밖에 없습니다. 틸의 결론은 자유와 민주주의가 결합하면 폭발적인 모방 욕망과 혼란을 낳을 뿐이라는 겁니다.

그래서 틸은 자유를 유지하기 위해 인간의 욕망을 통제해야 한다고 믿습니다. 이를 위해서는 강력한 질서와 리더십이 필요하죠. 틸이 후원하는 것으로 알려진 미국의 극우 블로거, 커티스 야빈은 민주주의가 제대로 작동할 수 없는 시스템이므로 정부가 "스타트업처럼 운영되는 군주제로 대체"되어야 한다고 주장합니다. 어딘지 일론 머스크 미국 정부 효율부(Department of Government Efficiency) 수장의 얼굴이 떠오르는 주장입니다. 하지만 사실 공무원을 대규모로 해고하고 정부 관료 체제를 개편해야 한다고 일찌감치 강조한 사람은 다름 아닌 JD 밴스 부통령이었습니다.

JD 밴스

틸의 신념은 지라르의 철학 그대로라기보다는 지라르의 사상을 기본으로 삼아 스스로 쌓아 올린 것에 가깝습니다. 하지만 틸은 실리콘밸리 최고의 갑부 중 한 명입니다. 생각을 영향력으로 환전할 능력이 되는 사람이죠. 틸은 지라르의 사상을 주춧돌 삼아 현실 세계에 신전을 건설합니다. 지라르의 사상을 연구하고 전파하기 위한 단체, '이미타티오(Imitatio)'를 설립하고 지라르의 강연 시리즈를 기획해 국제적 규모의 학술 대회를 개최하기도 했죠. 이 모든 것이 틸의 재력으로 뒷받침됐습니다.

뿐만 아닙니다. 정치적 신념도 돈으로 관철시켰습니다. 트럼프 1기의 탄생은 틸의 재정적 지원이 있었기에 가능했습니다. 당시에는 실리콘밸리에서 트럼프를 지지하는 거의 유일한 인물로 꼽히기도 했죠. 그런데 트럼프 2기 때에는 틸이 직접적인 후원에서 빠집니다. 대신 1기 때보다 더 큰 영향력을 행사하게 되죠. 바로 신인 정치인에 불과했던 JD 밴스를 부통령으로 만든 겁니다.

밴스와 틸의 관계는 2011년 시작됩니다. 당시 예일대 로스쿨에 재학 중이었던 밴스는 강연자로 방문한 틸의 이야기에 충격을 받습니다. 틸은 엘리트 사회가 진정한 가치를 창출하기보다는 끝없는 경쟁에만 골몰하고 있다고 비판했죠. 이때 밴스는 자신이 성취 중독에 빠져 있다는 사실을 자각했다고 합니다. 밴스는 로스쿨을 졸업한 뒤 법조인으로서의 경력을 포기하고 틸의 회사에서 일하기 시작했습니다. 이후 틸의 자금 지원을 통해 벤처 투자 회사 나리아 캐피탈(Narya Capital)을 창업하기도 했죠.

이런 인연이 쌓여 틸은 정치가로 변신한 밴스를 적극적으로 후원합니다. 그 결과 2023년 선거에서 밴스는 상원 의원으로 당선되죠. 선거가 돈으로만 되는 게임은 아니지만, 돈이 없으면 선거를 할 수 없습니다. 당시 선거에 틸이 후원한 금액은 1000만 달러에 이릅니다. 이쯤 되면 후원이라기보다는 투자에 가깝죠.

밴스를 트럼프에게 소개하고 부통령 후보로 추천한 사람도 바로 틸입니다. 밴스에게 틸은 일종의 멘토입니다. 그리고 지라르는 멘토의 사상적 기반이고요. 밴스가 지라르의 철학에 깊이 빠진 것은 당연한 수순이었습니다. 특히 희생양 개념에 강한 인상을 받습니다. 《힐빌리의 노래》를 통해 묘사했듯, 밴스는 빈곤과 절망으로 가득 찬 곳에서 성장했습니다. 특히 어머니에 대해서는 굉장히

비판적이었는데, 지라르의 영향으로 타인에게 책임을
전가하는 태도를 반성하게 되었다고 밝힙니다. 사회가 설정한
누군가를 "희생양 삼는 행위를 멈추고 스스로 바꿀 수 있는
것에 집중"하게 되었다고요.

그런데 밴스는 지라르의 철학을 자신만의 방식으로
이해한 것 같습니다. 예를 들어 2024년 9월, 당시 부통령
후보였던 밴스는 아이티 난민들이 이웃의 반려동물을
잡아먹고 있다는 허위 주장을 펼쳤습니다. 그리고 설화에
따른 여파가 커지자 언론이 미국인들의 고통에 관심을 좀
기울이라는 취지에서 필요한 이야기였다고 항변했죠. 즉,
미국 언론이 '미국의 진짜 국민'을 희생양으로 삼고 있다는
얘깁니다.

다시, 지라르

비슷한 현상은 여기저기서 나타납니다. 한 팟캐스트 진행자는
2020년 미국 전역을 휩쓸었던 'BlackLivesMatter(흑인의
생명은 소중하다)' 시위가 경찰을 희생양으로 삼았다고
주장하기도 했습니다. 어떠한 저항이나 비판, 정의를
요구하는 목소리가 '희생양 삼기'로 규정되고 있는 겁니다.

사실, 지라르 본인도 이러한 현상을 생전에 우려한 바
있습니다.

결국, 트럼프의 이상한 나라에서는 위대한 미국이
희생양입니다. 환경 운동가들이, 다양성과 평등을 주장하는
사람들이 미국을 희생양 삼고 있습니다. 이것을 막아야
합니다. 한편, 미국이 제대로 작동하기 위해서는 희생양이
필요합니다. 모방 욕구에 따른 갈등은 피할 수 없습니다.
그렇다면 그 부정적 에너지를 해소할 대상이 필요합니다.
미국인은 그 대상이 되어서는 안 됩니다. 이민자가 좋은
희생양입니다.

동시에 갈등을 내재화할 수밖에 없는 인간의
본성을 고려할 때 정부는 강력한 통제권을 쥔 CEO가 회사를
운영하는 것처럼 운영되어야 합니다. 기존의 관료 조직은
CEO의 통치에 방해가 됩니다. 기술 엘리트가 정부의 중심에
서야겠죠. 필요하다면 민주주의라는 허울을 포기해야 할지도
모릅니다.

지라르가 만약 살아 있었다면 틸과 밴스의 세계관에
동의했을까요? 지라르는 1970년대에 출간된 저서《폭력과
성스러운 것(Violence and the Sacred)》에서 외국인이나
장애를 가진 이, 혹은 권위를 가진 사람이 주로 희생양이

된다고 이야기합니다. 지금 트럼프의 이상한 나라에서
벌어지고 있는 일을 예견이라도 한 듯 말이죠. 어쩌면 MAGA
진영의 진정한 희생양은 지라르 본인일지도 모르겠습니다.

전 지구적 사법권을 표방하는 재판소가
정작 지구의 절반 이상에 실효성을 갖고 있지 않습니다.

정작 지구의 절반 이상에 실효성을 갖고 있지 않습니다.

이스라엘 총리 베냐민 네타냐후가 4월 2일 헝가리
부다페스트를 방문했습니다. 빅토르 오르반 헝가리 총리와
정상 회담을 했죠. 네타냐후 총리는 국제 사회에서 쫓기는
몸입니다. 지난해 11월 국제형사재판소(ICC)가 가자
지구에서 전쟁 범죄를 저지른 혐의로 네타냐후에 대한 체포
영장을 발부했거든요. 네타냐후의 이번 헝가리 방문은 ICC
체포 영장 발부 후 첫 유럽 방문이었습니다.

헝가리는 ICC 회원국입니다. ICC 설립 조약인
로마 규정에 따라 125개 회원국은 ICC가 발부한 체포
영장을 집행할 의무가 있습니다. 그러니까 원칙대로 하자면
헝가리 경찰은 자국에 입국한 수배범 네타냐후를 체포해
네덜란드 헤이그에 있는 ICC로 넘겨야 합니다. 그러나
'헝가리의 트럼프' 오르반은 원칙대로 하지 않는 사람이죠.
네타냐후에게 수갑을 채우기는커녕 환영식을 열고
레드카펫을 깔아 줬습니다.

오르반은 한 발 더 나갔습니다. 네타냐후가 헝가리에
도착한 직후, 아예 ICC를 탈퇴하겠다고 선언한 겁니다.
오르반은 ICC를 "공평한 법원이 아니라 정치적 법원"이라고
몰아붙였죠. 이로써 헝가리는 ICC 탈퇴를 선언한 최초의 유럽
국가가 됐습니다. 앞으로 너딩이 장악한 헝가리 의회에서

탈퇴안이 통과되면 헝가리 정부는 UN에 공식 탈퇴 서한을 제출하게 됩니다. 제출일로부터 1년이 지나면 효력이 발생하고요.

ICC 회원국은 125개국입니다. 한국도 가입돼 있습니다. 125개국 중에서 유럽 약소국 헝가리 하나 빠진다고 뭐가 달라지겠나 싶을 수 있지만, 유럽 연합의 균열 그리고 규칙에 기반한 국제 질서가 무너지는 신호로 봐야 합니다. 탈퇴 도미노가 일어나면 국제 사회가 국제법이 아니라 힘의 논리가 지배하던 20세기 초반으로 돌아갈 수 있습니다. 붕괴를 완성하는 건 — 이번에도 역시 — 트럼프가 될 테고요.

뉘른베르크의 법정

1945년 독일 뉘른베르크의 법정에서 군사 재판이 열렸습니다. 독일에서 열린 재판이었지만, 독일 국내 재판이 아니라 연합국 4개국(미국, 영국, 프랑스, 소련)이 합의해 만든 국제 군사 재판이었습니다. 2차 세계 대전이 끝난 직후 나치 독일 전범을 처리하기 위해 꾸려진 재판이었죠. 판사 8명, 검사 4명이 배치됐는데, 연합국 4개국에서 판사 2명, 검사 1명씩을 보냈습니다.

피고인은 나치 고위 지도자 24명이었습니다.
독일군 총사령관, 국가 원수, 해군 총사령관, 외무부 장관,
경제부 장관, 친위대 돌격대장, 나치당 조직부장 같은
사람들이었습니다. 이들은 반평화적 범죄를 저지른 죄, 침략
전쟁을 계획하고 실행한 죄, 전쟁법을 위반한 죄, 반인륜적
범죄를 저지른 죄로 피소됐습니다. 아돌프 히틀러는 독일
패망 직전에 자살해 피소되지 않았죠.

뉘른베르크 군사 재판

뉘른베르크 국제 군사 재판은 1945년 11월 20일에
시작해 1946년 10월 1일에 끝났습니다. 이 재판에서 나치
전범 12명이 사형을 선고받았습니다. 원래 미국, 영국,
프랑스에서 파견한 판사들은 사형수가 군인이면 총살형으로
집행하고, 그렇지 않은 사람은 교수형으로 집행하려고

61

했습니다. 그런데 소련 측 판사가 강력하게 항의했습니다.
군인에게 총살형은 명예로운 죽음이 될 수 있다는 이유였죠.

소련 측 판사는 "찢어 죽여도 시원찮을 판에 무슨
총살이냐"며 교수형을 요구했습니다. 미국, 영국, 프랑스도
나치 독일에 피해를 봤지만, 가장 크게 피해를 받은 나라는
소련이었으니까요. 독소 불가침 조약을 믿고 있던 소련에선
무려 2400만 명이 목숨을 잃었습니다. 특히 독일군이
레닌그라드(현 상트페테르부르크)를 900일간 포위해 100만
명이 넘는 민간인이 죽었는데, 대부분 굶어 죽었습니다.

전쟁이 끝난 게 불과 몇 달 전인데, 증오가
오죽했을까요. 그러다 보니 소련 측은 나치 전범의 명예로운
죽음을 허락할 수 없었습니다. 결국 소련 뜻대로 나치 전범은
교수대에 서게 되는데요, 교수형을 집행하는 방식도 좀
달랐습니다. 일반적인 교수형에선 사형수의 몸이 낙하하면서
목뼈가 부러져 즉사하거나 순식간에 의식을 잃게 됩니다.
그런데 뉘른베르크에선 줄 길이를 짧게 해서 낙하 거리를
줄였습니다. 사형수는 목이 부러지지 않고 서서히 질식하며
고통스럽게 죽었죠. 빌헬름 카이텔 독일군 총사령관은
교수대에 매달려 24분간 고통스러워하다가 질식사했습니다.
이런 교수형 방식을 소련 측이 요구했다는 주장도 있습니다.

학살, 고문, 아동 병사 투입 등 제네바 협약을 위반하면
피소될 수 있습니다. 셋째, 반인도 범죄입니다. 강간, 노예화
등 광범위하고 조직적인 민간인 대상 범죄입니다. 넷째, 침략
범죄입니다. 다른 국가를 무력 침공할 때입니다.

ICC는 이런 범죄를 소급 적용해 재판할 수는
없습니다. 2002년 7월 1일 이후 발생한 범죄만 다룰 수
있습니다. 다만 사건이 그 이전에 시작됐더라도 범죄가
2002년 7월 1일 이후까지 계속됐다면 일부 관할할 가능성이
있습니다.

가장 중요한 것은 지역적 관할권입니다. 범죄자가
ICC에 가입한 국가의 국민이거나, 범죄 발생 지역이 ICC
가입국이면 ICC의 관할권이 성립합니다. 또 국제 사회가
UN 안보리에 회부하면 비가입국이라도 조사할 수 있습니다.
드물지만 비가입국이 ICC에 스스로 관할권을 수용하면
조사에 나설 수 있고요. 러시아-우크라이나 전쟁 이후
우크라이나는 ICC 비가입국이었지만 ICC에 관할권을
수용해서 ICC가 푸틴에게 체포 영장을 발부한 바 있습니다.

ICC의 한계

ICC의 설립 취지 자체는 좋습니다. 국적과 이념과 피부색이
달라도 인류 보편의 정의를 지키자는 것이었으니까요. 그런데
사실 ICC는 시작부터 순탄하지 않았습니다. 미국, 중국, 인도,
러시아가 ICC에 가입하지 않았거든요. 전 지구적 사법권을
표방하는 재판소가 정작 지구의 절반 이상에 아무런 실효성을
가질 수 없게 된 겁니다.

1998년에 로마 규약이 채택되고, 2002년에
ICC가 설립됐죠, 로마 규약 채택 당시 미국 대통령은
빌 클린턴이었습니다. 클린턴은 ICC의 설립 원칙에
동의했습니다. 르완다, 보스니아 같은 참사를 막기 위한
도덕적 필요성에 공감한 겁니다. 다만 미국은 세계 최다 군사
주둔국입니다. 자국 병력이나 관료가 외국 법정에서 재판받을
수 있다는 우려가 있었습니다. 그래서 의회 비준은 받지 않고
일단 ICC 운영을 지켜보고 결정하기로 합니다.

그런데 그사이 상황이 급변합니다. 2001년 1월
클린턴이 퇴임하고 조지 W. 부시 대통령이 취임합니다. 그해
9월 11일 미국 역사상 최악의 테러가 발생합니다. 부시는
2002년 1월 테러와의 전쟁을 선포합니다. 그리고 ICC 가입

철회를 선언하죠. 나아가 미군보호법까지 제정합니다. 이 법은 '헤이그 침공법'이라고도 불리는데요, ICC 회원국이 미군을 체포하면 무력을 써서라도 구출 가능하다는 내용을 담은 법입니다.

미국은 9.11 이후 세계 곳곳에 미군을 파병했습니다. 이라크와 아프가니스탄에서 전쟁을 벌였죠. 미국 정부로선 미군의 사법적 리스크를 줄여야 했습니다. 또한 패권국으로서 자국민의 사법 관할권을 외부에 넘기는 건 불가하다는 입장도 있었죠. 미국인을 처벌하는 건 오직 미국 법원만 가능하다는 겁니다.

부시 행정부(2001~2009년) 이후 들어선 오바마 행정부(2009~2017년)도 크게 다르지 않았습니다. 오바마 행정부는 ICC에 대한 적대적 태도를 철회하고, ICC가 수단과 리비아의 독재자를 수사할 때 외교적, 정보적으로 협력했습니다. 하지만 재가입은 고려하지 않았죠. 필요할 때만 ICC를 활용하는 이른바 선택적 관여 전략이었습니다.

이후 들어선 트럼프 1기(2017~2021년) 때는 ICC와 미국의 관계가 부시 행정부 때만큼이나 험악했습니다. ICC가 미국의 아프가니스탄 전쟁 범죄를 수사하자 트럼프 행정부는 ICC 수사관에게 미국 비자를 제한하기도 합니다. 트럼프는 자국에서든 외국에서든 관료를 좋아하지 않죠. 트럼프는 "선출되지 않은 국제 관료에게 미국의 주권을 넘겨주지 않겠다"며 ICC와 정면 충돌합니다. 당시 국무장관이었던 폼페이오는 "ICC는 부패하고 정치적"이라고 비판하기도 했고요.

　　　바이든 행정부(2021~2025년)는 ICC에 다소 유화적이었지만, 본질적인 변화는 없었습니다. 바이든은 트럼프가 부과한 ICC 제재 조치는 철회했지만, 미국의 오랜 입장을 바꾸지는 않았습니다. 러시아의 우크라이나 침공 이후 ICC가 푸틴에 대한 체포 영장을 발부하자 바이든은 ICC의 결정을 지지한다는 입장을 냈죠. 그러나 네타냐후에 대한 체포 영장에는 반대합니다. 오바마처럼 ICC가 내 입맛에 맞게 행동할 때만 협력한 거죠.

　　　그리고 다시 트럼프 2기가 돌아왔습니다. 트럼프는 취임하자마자 ICC를 제재하는 행정 명령에 서명합니다. 미국과 트럼프가 좋아하는 이스라엘을 ICC가 괴롭히고 있으니까요. 미국 국민이나 동맹국에 대한 ICC 조사에 협조하는 개인과 그 가족에게 미국 비자를 제한하고 재정적 제재를 가하는 내용입니다. 거칠게 비유하자면, 지금 트럼프 행정부에서 ICC 조사관은 테러리스트 수준으로 대우받는 겁니다.

유럽의 붕괴

미국은 원래 ICC를 싫어했다고 쳐도, 유럽은 달랐습니다. EU 회원국들은 ICC를 전폭 지원해 왔습니다. ICC의 모태가 되는 뉘른베르크 재판 자체가 유럽에서 열렸으니 원조인 셈입니다. 국제 형사 사법 제도를 만들어 냈다는 자부심이 있고, 뭉쳐야 산다는 것도 잘 알고 있고요. 그래서 EU 가입을 원하는 국가들은 EU가 주도한 국제 사회의 규범인 ICC를 지지할 수밖에 없습니다. 지금까지 헝가리를 제외하고 ICC 탈퇴를 선언한 EU 국가가 없는 이유입니다.

헝가리의 ICC 탈퇴 선언은 그저 유럽의 한 나라가 국제기구를 탈퇴하는 일을 넘어서는 사건입니다. 하나의 유럽이라는 EU의 가치를 깨는 것입니다. 규칙 기반의 국제 질서가 무너지고 있다는 신호이기도 합니다. 실제로 독일 총리는 ICC의 체포 영장을 발부받은 네타냐후가 체포되지 않고 독일을 방문할 방법을 찾아보겠다고 말하기도 했습니다.

차라리 헝가리의 탈퇴 선언은 솔직하기라도 합니다. 독일 뉘른베르크의 법정에서 시작된 국제 법정은 네타냐후가

베를린을 방문하는 순간 붕괴할 겁니다. 그리고 아마 곧 그렇게 될 테고요. 미국과 중국과 러시아와 인도가 반대하던 ICC를 EU가 꾸역꾸역 지켜 왔는데, 이제 독일을 필두로 유럽마저 ICC를 버리게 될 겁니다.

국제 규범이 일관되게 집행되려면 국가 연합의 일관된 지지가 필요한데, 이제 ICC에는 이런 지지가 없습니다. 결국 ICC는 무력화되겠죠. ICC가 유명무실해지더라도 당분간 사라지진 않을 겁니다. 폐기는 외교적 비용이 크니까요. 공식 탈퇴 또는 폐기를 선언하면 국제 규범을 경시하는 나라로 비칠 수 있죠. 로마 규정은 이제 이름만 올려 놓고 지키지 않는 장식적 규범이 될 겁니다. 결국 그런 ICC가 기소하고 재판해서 처벌할 수 있는 대상은 콩고, 우간다 등 아프리카 국가의 무장 단체 지도자뿐일 겁니다. 실제로도 그랬고요. 차라리 국제형사재판소가 아니라 아프리카형사재판소라고 부르는 편이 더 정확한 표현일 수 있습니다.

파키스탄 총리와 군부는 관리되는 위기를 원합니다.

생색에 죽어 나가는 건,

늘 그랬듯 카슈미르의 주민뿐입니다.

5월 7일 인도가 파키스탄에 미사일을 날렸습니다. 어린이를
포함해 민간인 8명이 사망했습니다. 군사 충돌의 발단은
지난 4월 22일 인도령 카슈미르에서 벌어진 총기 난사
테러였습니다. 무장 괴한들이 관광객에게 총기를 난사해
26명이 죽었습니다. 희생자 대부분이 비(非)무슬림 인도
남성이었습니다. 인도는 힌두교 국가이고, 파키스탄은 이슬람
국가죠.

총격 테러에서 살아남은 한 여성은 인도 언론에 당시
상황을 이렇게 증언했습니다. "(총격범이) 아버지에게 이슬람
구절을 낭송하라고 했고, 그러지 못하자 머리와 귀, 등에 총을
쐈다." 누가 봐도 이슬람 근본주의자가 자행한 테러였습니다.
실제로 사건 직후 파키스탄 무장 단체 '저항 전선'이 테러
배후를 자처하고 나섰습니다. 그리고 인도 정부는 파키스탄
정부가 이런 테러 조직을 은밀하게 지원하고 있다고 보고
있죠.

자기 나라 땅에 적국 미사일이 떨어졌는데, 가만히
있을 순 없습니다. 파키스탄 정부도 즉각 보복에 나섰습니다.
인도 정부는 테러리스트 관련 시설만 타격했다고 주장하지만,
민간인 피해가 발생했으니 강력하게 응징하겠다는 겁니다.
파키스탄은 인도를 향해 박격포를 날렸고, 인도인 10명이

사망했습니다. 파키스탄군 대변인은 인도 전투기 5기를 격추했다고도 주장하고 있습니다.

인도와 파키스탄은 핵무기 보유국입니다. 게다가 국제 사회의 핵무기 통제 체제인 핵확산금지조약(NPT)에 가입하지도 않았습니다. 철천지원수인 두 나라가 전면전을 벌이게 되면 핵전쟁이 일어날 수도 있습니다. 실제로 총격 테러 이후 인도가 물 부족 국가인 파키스탄으로 흐르는 인더스강 지류 강물을 차단하자 파키스탄은 핵무기 사용 가능성을 언급하기도 했죠.

또 카슈미르

총격 테러, 인도의 미사일 공격, 파키스탄의 박격포 반격이 일어난 곳은 모두 카슈미르입니다. 크기가 한반도만 한 지역인데, 이 땅을 세 나라가 분할 점령하고 있습니다. 인도, 파키스탄, 중국입니다. 영토 분쟁 지역이라 국경선이 없고 통제선(Line of Control·LoC)만 있습니다. 사실상 국경선 역할을 하지만 공식 국경은 아니다 보니, 일부 지도에선 실선 대신 점선으로 표시됩니다. 이 통제선 인근에서 크고 작은 교전이 자주 일어나죠.

카슈미르가 쪼개진 건 영국 탓입니다. 2차 세계 대전 이후 영국은 영국령 인도 제국에 속했던 인도와 파키스탄을 분리 독립시킵니다. 힌두교도와 이슬람교도 사이에 종교 갈등이 심하고 단일 국가 협상도 계속 결렬되니까, 붙여 놓고 혼란만 일으키느니 차라리 떨어트리는 게 낫다고 판단한 겁니다. 그러고 나서 영국은 두 지역 사이에 끼어 있던 소규모 군주국 카슈미르에는 독립을 하든, 인도나 파키스탄에 편입되든 알아서 하라고 합니다.

당시 카슈미르 주민의 80퍼센트가 무슬림이었는데, 통치자는 힌두교도였습니다. 통치자는 초기엔 독립을 원했습니다. 그러나 파키스탄 편입을 촉구하는 주민 봉기가 일어나고 파키스탄의 침공 가능성이 커지자 인도에 붙기로 합니다. 그 결과 1차 인도-파키스탄 전쟁이 벌어지고 양국이 카슈미르를 분할 점령하게 됩니다. 상대가 차지한 땅은 수복해야 할 영토가 됐고요. 이 분쟁이 70년 넘게 이어지고 있는 겁니다.

현재 인도령 카슈미르 주민의 70퍼센트가 무슬림입니다. 인도 주(州) 중에서 힌두교도가 다수가 아닌 유일한 지역입니다. 힌두 민족주의 국가에서 이교도로 살아가기란 쉬운 일이 아닙니다. 차별과 박해가 일상이

됐죠. 인도령 카슈미르의 무슬림들은 이 땅이 이슬람 독립 국가가 되거나, 파키스탄에 합쳐지길 원합니다. 인도는 이런 분리주의자들을 호되게 단속해 왔고요.

파키스탄 정부의 대응

파키스탄은 앞으로 어떻게 대응할까요. 일단 파키스탄군 대변인은 "우리는 우리가 선택한 시점에 우리가 선택한 장소에서 우리가 선택한 방식으로 인도에 대응할 것"이라고 말하고 있습니다. 여기서 가장 중요한 건 "우리가 선택한 방식"입니다. 이 방식이 무엇일지는 파키스탄의 정치·경제 상황과 국제 역학을 살펴보면 얼추 윤곽이 드러납니다.

현재 파키스탄 총리는 셰바즈 샤리프입니다. 정치 명문가 출신인데요, 그의 형 나와즈 샤리프도 총리를 지냈습니다. 셰바즈 샤리프는 포퓰리스트였던 형과 달리 행정가 유형입니다. 셰바즈 샤리프는 펀자브주 총리를 세 차례 지냈습니다. 파키스탄 인구가 2억 5000만 명인데, 그 절반이 펀자브주에 삽니다. 우리로 치면 서울과 경기도를 합한 슈퍼 광역단체의 장을 지낸 셈이죠.

샤리프는 펀자브주 총리로 재임하는 동안

싱가포르식 행정을 채택했습니다. 정치적 이념보다는 실용주의를 바탕으로 하는 경제 성장과 인프라 개발을 중시했죠. 산업, 교통, 병원, 교육 부문 등에 대규모 인프라를 구축했고, 중국 등과 지방 정부 외교를 펼쳐 각종 개발 프로젝트를 유치했습니다. 실용주의자답게 인도와의 관계도 원만했고요.

샤리프는 2022년 파키스탄 총리에 취임합니다. 전임 총리 임란 칸이 불신임 투표로 쫓겨나면서 정권을 넘겨받습니다. 당시만 해도 샤리프는 정치적 카리스마가 부족해 정국 위기를 관리할 과도기형 총리 정도로 여겨졌습니다. 우리로 치면 대통령 탄핵 국면의 한덕수 총리 같은 인물이었죠. 그런데 2024년 치러진 총선에서 군부의 도움을 받아 연립 정부를 꾸리며 다시 총리에 오릅니다.

인도가 파키스탄을 공습하기 전까지 파키스탄은 심각한 정치적·경제적 위기를 겪고 있었습니다. 외환 위기로 IMF의 구제 금융을 받는 시국에, 물가는 50년 만에 최대치로 치솟고, 전임 총리 임란 칸을 지지하는 세력은 부정 선거 의혹을 제기하며 연일 반정부 시위를 벌였습니다. 정권의 정당성에 금이 간 상황이었죠.

샤리프 총리로서는 국내 위기를 덮기 위해 적대국

인도를 상대로 강하게 나갈 수 있을 겁니다. 특히 카슈미르 문제는 파키스탄에서 민족주의 감정을 자극하기에 가장 효과적인 소재입니다. 한일 관계에 빗대자면 독도와 동해 문제죠. 샤리프는 통제선 인근에 병력 배치를 늘리고, 군사 훈련도 공개할 겁니다. 국지적 군사 도발도 이어 가겠죠.

그러나 딱 거기까지입니다. 샤리프는 안정적 통치를 지향하는 실용주의자입니다. 정치적 수사는 강하게 하더라도 행동은 신중하게 할 겁니다. IMF와 구제 금융 협상을 진행하는 상황에서 외교적 불안정성은 투자자 심리를 위축시키고 국제 사회의 지원에 악영향을 줄 수 있습니다. 전면 충돌은 피할 수밖에 없죠.

파키스탄 군부의 대응

총리의 대응은 살펴봤고 다음은 군부입니다. 파키스탄 정권에서 군부는 사실상 모든 정책의 실질적 결정자입니다. 파키스탄은 1947년 독립했으니 나라의 역사가 78년쯤 되는데요, 독립 기간의 거의 절반을 장군들이 통치했습니다. 군사 쿠데타만 다섯 번을 경험했죠. 파키스탄에서 군부는 단순한 국방 조직이 아닙니다. 사실상 국가 내 국가입니다.

파키스탄은 형식상 민주주의 국가이지만, 정치, 경제, 외교 전반에 군부가 깊숙이 관여합니다. 정책 결정을 뒤에서 조종하는 수준이 아니라 기업까지 거느리고 있습니다. 방위 산업은 물론이고 금융, 보험, 건설, 에너지, 교육, 의료, 비료, 식품, 농업 등 돈이 될 만한 분야에는 모조리 진출해 있습니다. 중국과 파키스탄을 잇는 도로와 송유관을 구축하는 사업도 군부 계열 건설사가 맡고 있죠.

군부는 GDP의 20퍼센트에 달하는 국방 예산과 군부의 영향력 유지를 위해 인도와의 지속적인 긴장이 필요합니다. 특히 카슈미르 문제는 정부가 인도와 협상하려고 해도 군부가 막아서는 사안입니다. 총리라도 군부와 척지면 실각합니다. 현 총리의 형인 나와즈 샤리프 전 총리가 실각한 것도 인도와 화해 무드를 조성하려다가 군부와 충돌했기 때문입니다.

직전 총리였던 임란 칸도 군부의 후원을 받아 집권에 성공했지만, 정보기관 수장 교체 문제를 두고 군부와 대립하다가 결국 총리직에서 쫓겨났죠. 그리고 그 자리를 지금 차지하고 있는 사람이 현 총리 셰바즈 샤리프입니다. 군부의 도움으로 연립 정부를 꾸리고 총리가 된 셰바즈 샤리프는 군부의 요구에 순응하고 있고요.

인도와 충돌할 때마다 파키스탄 군부가 원하는 것은 군부 존재감의 재확인입니다. 인도와 자꾸 투닥거려야 이미 과다한 국방 예산을 더 늘리고 외교 레버리지를 확대할 수 있습니다. 반면 군부가 원하지 않는 것은 전면전입니다. 인도보다 군사력, 경제력이 열세여서 제대로 붙으면 질 테니니까요. 군부가 갖고 있던 정치적, 경제적 권력을 모두 잃게 되죠.

게다가 전면전을 벌였다가는 IMF 구제 금융이 끊길 수도 있습니다. 받아야 할 돈이 남았는데, 굳이 판을 엎을 필요가 없죠. 군부는 오히려 이번 충돌을 국제 원조 협상에서 지렛대로 사용할지도 모릅니다. 정부 혼자 해결할 수 없는 문제이고, 군부가 통제하지 않으면 더 위험해진다는 논리를 들이댈 수 있겠죠. 그 대가로 IMF에 더 많은 구제 금융을 요구할 테고요. 결국 군부가 원하는 건 '관리되는 위기'입니다.

미국, 중국, 인도의 대응

파키스탄이 전면전을 택하기 어려운 이유로는 국제적 압박도 있습니다. 미국과 중국은 이번 충돌이 커지는 걸 원하지 않습니다. 미국은 인도와 가깝고, 중국은 파키스탄과

가깝습니다. 얼핏 보면 미국과 중국의 대리전이 될 수도 있을 것 같지만, 이득은 없고 피해만 볼 수 있는 상황이라 확전을 바라지 않습니다.

미국은 중국 견제를 위해 인도와 밀착하고 있습니다. 파키스탄이 인도보다 약하다곤 하지만 전 세계에서 인구가 5번째로 많은 나라인데다 핵무기까지 있습니다. 인도가 파키스탄과 소모전을 벌이느라 힘이 빠지는 상황은 달갑지 않습니다. 게다가 팔레스타인과 우크라이나에서 벌어지는 '두 개의 전쟁'이 세 개로 늘어나는 것도 부담스럽고요.

중국 역시 파키스탄 정세가 위태로워지는 걸 원하지 않습니다. 아까 말씀드린 중국과 파키스탄을 연결하는 송유관 등을 구축하는 사업, '중국-파키스탄 경제 회랑(CPEC)'은 일대일로 프로젝트의 핵심입니다. 이 프로젝트가 완성되면 중국은 중동산 원유를 믈라카 해협을 지나지 않고 파키스탄 과다르항에서 육로로 받을 수 있습니다. 운송 거리가 1만 2000킬로미터에서 2395킬로미터로 단축됩니다.

마지막 변수는 나렌드라 모디 인도 총리입니다. 힌두 민족주의 노선을 내건 모디는 2019년 카슈미르의 자치권을 박탈해 무슬림의 저항을 받기도 했죠. 모디 정부가 파키스탄을 자극해 힌두 민족주의 정서를 더

끌어올릴 가능성이 없지는 않습니다. 다만 정치 일정이
다행스럽습니다. 모디는 지난해 총선에서 3연임에
성공했습니다. 당장 큰 선거가 없어서 지금 파키스탄과의
분쟁을 키울 이유가 딱히 없습니다. 오히려 이 혼란을 빨리
수습하고 미국발 관세 폭탄부터 제거해야 합니다.

결국 파키스탄, 인도, 미국, 중국까지 이해관계자
모두가 전쟁을 원하지 않습니다. 파키스탄과 인도는 한동안
카슈미르 내에 그어진 통제선 근처에서 포탄을 주고받으며
보복에 보복을 거듭할 겁니다. 전면전이 터지지 않도록 잘
관리하면서 자국민에게 생색을 낼 수 있을 정도로만 상대에게
타격을 줄 겁니다. 그 생색에 죽어 나가는 건, 늘 그랬듯
카슈미르의 주민뿐입니다.

워런 버핏의 가장 큰 운은 사람이었습니다.

두 사람을 소개합니다.

두 사람을 소개합니다.

2025년 5월 3일, 워런 버핏이 은퇴를 발표했습니다. 올해 말 자리에서 내려옵니다. 버핏은 자본주의 역사상 가장 성공적인 투자자였습니다. 숫자가 증명합니다. 버핏의 버크셔 해서웨이(Berkshire Hathaway)는 1965년 인수될 당시에 비해 550만 퍼센트 이상 시장 가치가 성장했습니다. 같은 기간 S&P 500 지수는 3만 9000 퍼센트 성장했고요. 이 정도의 성공을 거둘 수 있을 만한 제2의 버핏은 나오기 힘듭니다. 그가 매우 독보적인 사람이었기 때문입니다. 영리했고 빨리 시작했으며 몰두했습니다. 운도 좋았죠.

워런 버핏

버핏은 11살의 나이에 주식 투자를 시작했습니다. 1942년 당시의 나이 감각이 지금과 다르다는 점을 감안해도, 꽤 심한 조기 교육입니다. 정작 버핏 본인은 더 어린 나이에 시작하지 못한 것을 후회했지만요. 게다가 버핏은 투자에 매료되어 버렸습니다. 무언가에 매료된 10대의 집착이 얼마나 경이롭고 무서운 것인지 우리 모두 경험으로 알고 있습니다. 마치 음악이나 시에 빠진 것처럼, 버핏은 기업의 재무제표를 읽으며 집안을 돌아다니다 가구에 부딪치고 세금이나 감가상각 일정 같은 것에 몰두하며 즐거움을 찾았죠.

　　그렇게 애정이 집착으로 발전하면 다른 사람이 눈치채지 못한 것들을 알게 됩니다. '꽂혀 버린' 음악을 일주일쯤 반복해서 듣다 보면 보컬의 숨소리, 기타리스트의 특이한 습관 같은 것을 알게 되듯 말입니다. 버핏은 70년이 넘는 경력 동안 10만 건 이상의 재무제표를 읽었을 것으로 추정됩니다. 영리한 사람이 많이 들여다보니 다른 사람들은 지나칠 일종의 '공식' 같은 것도 발견하게 됩니다. 《월스트리트저널》은 버핏에 관해 "인간의 형태를 한 인공지능"이라고 평가했습니다. 그만큼 많은 데이터를 학습하고 추론하여 완벽에 가까운 결과를 얻어냈던 역사에 대한 찬사였을 겁니다.

　　게다가 시대도 잘 타고났습니다. 1930년생인 버핏은 자본주의의 롤러코스터를 경험한 셈이니까요. 대공황 직후 주식 시장이 저평가되어 있던 시기에 유년 시절을 보냈고, 20대로 접어든 1950년대부터 시장이 폭발했습니다. 2차 세계 대전이 끝난 이후 전후 복구가 시작되면서 경제 성장률이 치솟았고 금본위제가 살아 있어 환율 리스크도 없던 시절이었죠. 1953년 버핏은 신뢰할 수 있는 지인 7명으로만 구성된 사모펀드 '버핏 어소시에이츠(Buffett

Associates)'를 시작합니다. 이 사모펀드가 규모를 늘려 '버핏 파트너십(Buffett Partnership)'으로 성장했고요. 1969년 버핏 파트너십이 해산될 당시까지 연평균 25.3퍼센트의 수익률을 기록했습니다. 같은 기간 S&P 500 지수의 수익률이 10.5퍼센트 정도였던 것을 감안하면 엄청난 수준이었죠.

하지만 무엇보다 버핏의 가장 큰 운은 사람이었습니다. 버핏의 일생을 통틀어 결정적인 사람을 꼽자면 빠질 수 없는 인물들이 꽤 많을 겁니다. 그러나 '오마하의 현자'가 따랐던 멘토는 두 명으로 압축할 수 있습니다. 필요한 사람을 필요한 시대에 만났죠.

워런 버핏 버크셔 해서웨이 회장 겸 CEO

벤저민 그레이엄

요즘엔 찾아보기 힘들지만, 20세기 후반까지만 해도

누군가 버린 담배꽁초를 주워 피우는 광경을 목격할 일이
있었습니다. 끝까지 태우지 않고 끈 담배에 다시 불을 붙이면
남은 부분을 공짜로 취할 수 있으니까요. 물론 흡연 자체가
건강에 좋지 않은데 비위생적이기까지 한 일입니다. 물자가
풍요롭지 않던 시대에나 벌어졌던 일이죠. 그런데 주식
시장에도 풍요롭지 않은 시대는 있었습니다.

　　"길에서 주운 담배꽁초는 한 모금밖에 남지 않았을
수 있습니다. 하지만 헐값에 샀기 때문에 그 한 모금은 전부
이익이 됩니다."

　　워런 버핏이 1989년 버크셔 해서웨이 주주
서한에 적은 내용입니다. 버핏의 초기 투자는 이 담배꽁초
투자 기법(cigarette butt investing)에 기반했습니다.
그리고 이 기법을 버핏에게 전수한 사람이 바로 벤저민
그레이엄이었고요. 그레이엄은 컬럼비아대 경영대학원에서
버핏을 가르친 스승이기도 했고, 버핏을 고용해 실전 경험을
쌓게 해준 고용주이기도 했습니다.

　　그레이엄은 19세기 후반에 태어나 20세기를
만든 대표적인 인물입니다. 1925년 그레이엄-뉴먼 투자
회사를 설립한 이후 월스트리트는 달라졌죠. 그 이전까지
월스트리트는 야만과 도박의 거리였습니다. 투자가들은 개별

기업의 역량은 뒷전으로 하고, 단기간의 가격 변동만을 쫓아 돈을 던지는 식으로 일했죠.

하지만 뛰어난 수학자였던 그레이엄은 장부를 들여다봤습니다. 기업의 현금 흐름과 대차 대조표를 면밀히 분석해 시장으로부터 외면받아 평가 절하된 기업들을 찾아냈습니다. 그러니까, 실제 가치보다 주가가 너무 낮은 기업들을 골라낸 겁니다. 투자가 분석과 전략의 게임이 된 것은 그레이엄 때문이었습니다. 그러니까, 그레이엄은 '가치 투자'의 창시자입니다.

그레이엄이 남긴 투자 대중서 《현명한 투자자》에 등장하는 'Mr. Market'이라는 존재를 이해하면 가치 투자란 무엇인지 쉽게 이해할 수 있습니다. Mr. Market, 즉 시장은 조울증 환자의 특성이 있습니다. 감정적이고, 기분이 들떠 있고, 변덕스럽습니다. 그러니까, 이성과는 거리가 멀다는 겁니다. 시장이 합리적이지 못하니 실제 기업의 가치와 주식 가격 사이에 언제든지 괴리가 발생할 수 있죠. 시장이 우울하면 주가는 떨어질 테니까요. 저가에 매수해서 고가에 매도할 기회입니다.

이때 기업이 얼마나 저평가되었는지를 판단하기 위해 투자자는 장부를 들여다봐야 합니다. 그러나 적정 가치에 대한 계산은 언제든 틀릴 수 있겠죠. 요즘처럼 기업 IR 자료가 상세하게 공개되는 시대에도 그럴진대, 1950년대, 1960년대에는 말도 못 했습니다. 그러니 나의 계산이 틀릴 것을 대비해 '안전 마진(margin of safety)'을 둬야 합니다. 기업 가치가 주식 가격보다 높다고 무조건 투자하는 것이 아니라, 그 차이가 작아도 20퍼센트, 30퍼센트는 되어야 투자하라는 것이죠. 그래야 내 계산에 오차가 좀 있더라도 손해를 보지 않을 테니까요.

이런 방식의 투자가 가능했던 이유가 있습니다. 1929년 10월 24일 '검은 목요일'을 경험한 투자자들이 주식 시장을 기피했기 때문입니다. 10월 29일 마감까지 5거래일 동안 다우 지수가 24.8퍼센트 급락했습니다. 대공황의 시작이었죠. 2차 세계 대전이 끝난 후 호황기가 찾아왔지만, 악몽을 잊는 데에는 시간이 좀 걸리는 법입니다. 길거리에 쌓인 꽁초들만큼이나 저평가된 기업이 쌓여 있었죠.

하지만 시장은 변했습니다. 미국을 비롯한 전 세계의 자본주의가 성숙하고, 주식 시장과 투자자들도 점차 고도화합니다. 그레이엄은 투자를 일종의 '지적 유희'로 여겼지만, 젊은 버핏은 더 큰 성공을 원했고요.

그레이엄에 대한 버핏의 존경과 찬사는 영원하겠지만,
버핏이 주운 담배꽁초가 늘 성공적인 것은 아니었습니다.
최악의 꽁초는 버크셔 해서웨이입니다. 그것도 다 태워
필터도 제대로 남지 않은 꽁초였죠. 버핏은 1965년 5월
버크셔 해서웨이를 인수했습니다. 지금은 거대한 투자사로
탈바꿈했지만, 당시만 해도 다 쓰러져가는 섬유 제조
업체였습니다. 어떻게든 살려보려 했지만, 생각보다 회사
상황이 많이 안 좋았습니다. 공장의 기계 등 유형 자산의
상태도 엉망이었고, 설상가상으로 몇 년 후부터는 아시아
지역의 신흥국들이 새로운 제조 메카로 떠오르게 됩니다.
한국의 수출 역군들이 열심히 공장을 돌리는 만큼 버크셔
해서웨이의 앞날은 더욱 어두워졌습니다. 미국에서 섬유를
제조한다는 것은 더 이상 수지 타산을 맞출 수 없는 일이 되어
버렸죠.

결국 버핏은 1985년, 섬유 사업을 완전히
정리했습니다. 훗날, "고집에는 한계가 있었습니다"라고
회상했을 만큼 완전한 실패였죠. 시대의 변화를 실패로
체득한 버핏은 앞으로 나아갑니다. 찰리 멍거라는 새로운

조언자와 함께 말이죠.

멍거는 그레이엄과 달리 대공황의 트라우마를 직접적으로 겪지 않았습니다. 굳이 담배꽁초를 뒤져 저평가된 기업을 찾지 말고, 앞으로 더 성장할 '훌륭한 기업'을 찾자는 것이 멍거의 신념이었습니다. 싼 물건에는 그만한 이유가 있다는 겁니다. 시대가 변화했으니, 지혜도 변화했습니다. 그레이엄의 시대에는 가치 투자가 획기적인 방식이었을 겁니다. 그러나 시장이 본격적으로 성장하고 새로운 기술의 등장으로 산업에 혁신이 발생하기 시작하면서는 멍거의 성장주 전략이 먹혀들었습니다.

대표적인 예로 '아메리칸 익스프레스'에 대한 투자를 들 수 있습니다. 1963년 한 회사가 창고에 샐러드 오일을 잔뜩 쟁여 뒀다는 사기를 칩니다. 기름이 물에 뜨는 성질을 이용해 용기 안에 바닷물을 채우고, 그 위에 샐러드 오일을 조금 부어 조사관의 눈을 속인 겁니다. 그런데 이 가짜 오일을 담보로 아메리칸 익스프레스 등의 금융 기관이 대출을 내줍니다. 이 사건으로 아메리칸 익스프레스의 자회사가 파산했고, 주가는 반토막 나고 말았습니다.

버핏은 당시 보유 자산의 4분의 1에 육박하는 1300만 달러를 투자해 아메리칸 익스프레스의 주식을 사들였습니다.

감으로 한 일이 아닙니다. 면밀히 조사했습니다. 가게에서 사람들이 아메리칸 익스프레스 신용카드를 정말 사용하는지 확인하고, 사건 전 10년 치의 재무 자료를 분석해 가며 미래 가치를 가늠했죠. 자발적인 보상을 약속한 경영진의 도덕성도 눈여겨봤습니다. 그래서 버핏은 주당 40달러를 지불했습니다. 그레이엄이 강조했던 안전 마진이 확보될 정도로 저렴한 가격은 아니었죠. 하지만 멍거라는 새로운 멘토가 있었기 때문에 버핏은 과감한 결정을 내릴 수 있었습니다.

애플도 마찬가지였습니다. 2016년부터 버크셔 해서웨이는 애플의 주식을 사들이기 시작합니다. 사실, 버핏은 인텔도 테슬라도 마이크로소프트도 외면했습니다. 잘 모르는 분야였기 때문입니다. '풍뎅이의 교미를 모르는 것만큼 반도체에 대해 모른다'라는 것이 버핏이 기술주에 투자하지 않는 이유였습니다.

하지만 애플은 좀 달랐던 것 같습니다. 2016년이면 애플은 혁신의 기업이라기보다는 꾸준히 팔리는 아이폰을 매년 생산하는 기업이 되어 있었을 때죠. 멍거는 애플 투자에 관해 "확실해서 투자한 것이 아니다"라면서 확률상 좀 더 유리한 투자이기 때문에 애플을 사들였다고 설명했습니다. 훨씬 어려워진 사업 환경에 적응하고 있다면서 말이죠.

아흔이 넘은 나이에도 멍거는 시장에 계속해서 적응하고,
읽고, 공부했습니다. 기업의 성장 가능성을 판단하기 위해
말이죠.

그리고, 그렉 아벨

하지만 멍거의 도전이 통하지 않는 시대가 다시 돌아온 것
같습니다. 버크셔 해서웨이는 지난 2년 반 동안 약 1750억
달러 상당의 주식을 팔아 치웠습니다. 애플의 주식도
포함해서 말이죠. 다시 변화가 시작되었다는 뜻입니다. 지금
이 회사가 들고 있는 현금은 약 3500억 달러에 달합니다. 너무
많은 현금이 묶여 있다는 비판이 나올 정도로 투자 시장에
거리를 두고 있습니다.

만약 버핏의 선견지명이 이번에도 맞다면, 시장의
거품이 곧 터질 겁니다. 버핏은 "현금이 있어 기뻐할 만한
매물이 쏟아져 나올 것"이라고 확신합니다. 적어도 오마하의
현인은 그렇게 믿고 있습니다. 그렇다면 시장이 더 낮은
바닥으로 향할 확률이 높다는 얘기입니다.

그레이엄도, 멍거도, 버핏도 퇴장한 시장에서 우리는
어떤 판단을 내려야 할까요. 3500억 달러를 물려받은 버핏의

후계자 그렉 아벨은 어떤 판단을 내려야 할까요. 구체적인
답은 아직 모릅니다. 변화의 실체를 우리가 아직 보지 못했기
때문입니다.

버핏이 평생 지켰던 원칙이 있습니다. 숫자를
잘 들여다보고 충분히 잘 아는 분야에 투자했습니다.
남들처럼 하지 않고 상식에 따라 판단해 행동했죠. 찰리
멍거는 1995년 하버드대학에서 감정과 편견이 서로 상승
작용을 일으켜 비합리적인 군중 심리를 만들어 내는
'롤라팔루자(lollapalooza)' 효과를 경계해야 한다는 내용의
연설을 했습니다. 시장에 어떤 변화가 닥치더라도 이 연설의
교훈은 유효할 겁니다.

물론 쉬운 일이 아닙니다. 그래서 투자자들은 버크셔
해서웨이의 주식을 샀습니다. 버핏의, 그레이엄의, 멍거의
지혜를 빌리기 위해서였습니다. 오랫동안 결과로 증명되어
단단히 신뢰를 쌓은 지혜 말입니다. 버핏이 직접 점찍은
후계자인 아벨은 앞으로 그만큼의 신뢰를 새로 쌓아야
합니다. 만만치 않은 여정이 될 겁니다. 버핏이 공식적으로
자리에서 내려오는 연말까지는 반년 넘게 남았지만, 버크셔
해서웨이 주가는 벌써 빠지고 있습니다.

왜 도심지에서 자꾸만 땅이 꺼질까요.
답은 간단합니다. 사람이 땅 밑을 파고드니
흙이 무너져 내리는 겁니다.

기우라는 말이 있습니다. 기인지우(杞人之憂)라는 사자성어를 줄여 쓰는 말입니다. 옛 중국 기나라에 하늘이 무너지고 땅이 꺼져 죽을까 걱정이 되어 잠도 자지 못하고 음식도 먹지 못하는 사람이 있었다고 합니다. '기나라 사람의 걱정'이라는 뜻으로, 일어날 리 없는 일을 걱정하는 것을 일컫는 말로 자리 잡았습니다.

하지만 21세기의 도시 지역에서는 기나라 사람의 걱정이 현실이 되어 나타나고 있습니다. 땅이 꺼지는 일이 드문드문 반복되고 있는 겁니다. 2025년 3월 11일 발생한 강동구 명일동 싱크홀 사고로 한 명이 사망했습니다. 4월 13일에는 부산 사상구 도시철도 공사 현장에서 싱크홀이 발생했고요. 경기 광명시에서는 지하 터널 공사 현장에서 붕괴 사고가 발생했습니다.

싱크홀

99

왜 다른 곳도 아니고 도심지에서 자꾸만 땅이
꺼질까요. 답은 간단합니다. 사람이 땅 밑을 파고드니
흙이 무너져 내리는 겁니다. 1863년 런던에서 세계 최초의
지하철이 달린 이후로 도시는 지하 공간을 파고들며 성장해
왔습니다. 그로부터 162년이 지났습니다. 이제 우리는 땅이
꺼질 걱정을 하고 살아야 합니다.

도시의 싱크홀

싱크홀은 자연적으로도 발생합니다. 땅이 물에 녹아 동굴이
생기고, 지표면이 무너져 내려 호수를 이룹니다. 석회암처럼
물에 잘 녹는 암석으로 이루어진 지역에서는 쉽게 관찰할 수
있습니다. 가까운 곳으로는 일본 야마구치현의 아키요시다이
국립 공원이 있습니다. 완만한 구릉 사이로 곳곳에 움푹
팬 흔적이 있는 장관입니다. 다만, 이런 지형에서는 하이킹
중에도 갑자기 지하로 추락할 수 있어 주의가 필요하지요.
그렇다면 석회암 지형도 아닌 도심에서는 왜
싱크홀이 발생하는 것일까요. 사람이 지하에 만들어
놓은 터널 때문입니다. 대표적으로는 낡은 상하수도관
같은 것입니다. 튼튼한 관이라면 문제가 되지 않겠지만,

물이 흐르는 관에 균열이 발생하면 물이 새어 나와 땅을 적셨다가 수도관 수위가 낮아질 때 흙이 수도관 속으로 빨려 들어갑니다. 포장된 도로 밑으로는 뻥 뚫린 공간이 생기는 겁니다. 그 결과 땅이 꺼집니다.

하지만 최근 발생한 사고들은 상하수도관 문제가 아닌 것으로 보입니다. 주변에 큰 공사가 있었거든요. 명일동 싱크홀 현장을 보죠. 근처에서는 서울세종고속도로 지하 구간 공사와 지하철 9호선 연장 공사가 동시에 진행되고 있었습니다. 복잡한 지반과 지하수 물길을 제대로 계산하지 못한 채 공사를 진행했다가 일이 터진 것으로 보입니다.

도시의 해결책

지상에 건물을 올리고 도로를 내는 것도 만만찮게 어려운 일입니다. 길이 날 곳에 살고 있는 사람과 동물, 산과 천을 생각하면 계산이 간단치 않지요. 하물며 지하라면 더욱 그러합니다. 원래 지하 공간은 사람의 것이 아니니까요. 지하는 사실 돌과 물의 공간입니다. 그들의 규칙을 부수고 들어가 터널을 만들고 그 공간에 열차를 달리게 합니다. 상업 공간을 만듭니다. 조심하고 또 조심해야 할 일이지요.

이렇게 까다로운 일을 본격적으로 벌이기 시작한
것은 1863년 1월 10일, 영국 런던에서 세계 최초의 지하철이
운행했던 날부터라고 볼 수 있습니다. 물론 이전에도
상하수도 시스템이 있었지만, 물길이 아니라 사람의 길을
지하에 본격적으로 만들기 시작한 시점은 역시 지하철의
탄생이라고 해야겠지요.

당시의 지하철은 증기 기관의 힘으로 달렸습니다.
열차에 지붕도 없었기 때문에 매캐한 연기를 그대로 다
마셔야 했죠. 이 유쾌하지 않은 탑승감에도 불구하고, 런던
지하철은 성장의 상징이 되었습니다. 지하에 길을 만들지
않고서는 교통 체증을 감당할 수 없을 정도로 사람들이
런던으로 몰려들었기 때문에 탄생한 물건이었으니까요. 네,
1800년대에도 교통 문제가 심각했습니다. 1863년의 런던은
150만 명이 몰려 사는 대도시였거든요.

부동산의 논리

사회적 동물은 함께 살아갈수록 잘 살게 되어 있습니다.
정보를 공유하고 서로 돕습니다. 금붕어도 많을수록
잘 살고 올빼미도 한 서식지 안에 많이 살아야 멸종의

위험을 피합니다. '앨리 효과(allee effect)'입니다. 사람도
마찬가지입니다. 한 도시의 인구가 2배로 늘어나면 특허
출원 수는 2.15배로 늘어난다고 하죠. 다양한 사람이 모여
네트워크를 형성하고, 더 나은 결과를 내는 겁니다. 대도시는
사람과 건물이 한곳에 집중되어 시너지를 일으키고, 그 결과
발전을 거듭합니다. 압도적인 인구 밀도를 도시가 감당하는
방법이 바로 고층 건물이며 지하 공간이죠.

그런데 도시가 점점 커질수록, 교통의 중요성을
더 강하게 인식할수록 일의 순서가 뒤바뀝니다. 사람을
모으기 위해, 그래서 장소의 가치를 높이기 위해 지하 공간을
개발하는 겁니다. 도심지에 지하철을 건설하는 것이 아니라
도심지와 연결할 새로운 베드타운에, 새로운 계획도시에
지하철을 건설하기 시작한 겁니다. 즉, 장소의 가치를 높이기
위해 지하를 개발합니다.

지상으로 나 있는 도로를 지하로 옮기자는 주장도
그래서 나옵니다. 지상의 공해를 줄이고 교통 체증도 완화할
수 있다는 겁니다. 경부고속도로 지하화 계획은 서초 지역을
비롯한 인근 지역의 '부동산 호재'입니다. 반대로 짓겠다고
약속했던 지하 공간을 짓지 못하면 '부동산 악재'가 되죠.

집값이 내려가지 않는 이유

그래서 싱크홀 문제는 두 가지 우려가 충돌하는 바로 그 지점에 있습니다. 첫 번째 우려는 안전 우려입니다. 내가 매일 지나던 길에 싱크홀이 발생한다면 덜컥 불안할 겁니다. 별생각 없이 지나쳤던 공사 현장도 새삼 다시 보게 될 테고요. 지자체에서 위험을 제대로 알고 있는지, 알리고 있는지도 따져보게 되겠죠.

두 번째 우려는 집값 우려입니다. 싱크홀 위험이 있는 지역이라는 것이 알려지면 집값이 내려갈까, 걱정하는 겁니다. 안전보다 집값이 중요시하는 것 아니냐는 비난도 있을 수 있겠지만, 2023년 기준 우리나라 가계 자산의 절반이 집값입니다. 열심히 일해 쌓은 부의 대부분이 부동산에 물려 있으니 예민할 수밖에 없습니다.

다만, 연구에 따르면 싱크홀 발생은 단기적으로 충격이 될 뿐, 아파트 가격 변동에는 큰 영향을 미치지 못한다고 합니다. 2014년 송파구 석촌동 싱크홀 사건 이후 아파트 실거래 가격을 조사하여 분석한 결과입니다. 이 이야기를 뒤집어보면, 우리가 아직도 싱크홀을 중요한 문제로 인식하지 못하고 있다는 얘기가 되겠지요.

서울시가 얼마 전 크게 비판받은 일이 있습니다. 지난 2024년 서대문구 연희동 싱크홀 사고 이후 '지반침하 안전 지도'를 만들었는데, 이걸 공개하지 않겠다고 했기 때문입니다. 서울시 관계자로부터 "부동산 가격 등에 혼란을 줄 수 있다"라는 말이 흘러나오며 구설에 올랐죠.

그런데 더 상세히 들여다보니 서울시가 만들었다는 이 안전 지도가 굳이 공개하기에는 몹시 부실한 것으로 드러났습니다. 지질 조사나 레이저 탐사 등도 없이 그저 지하철역, 수도관, 가스 배관 등의 지하 시설이 밀집한 곳을 표시한 정도였던 겁니다.

사실, 지난 명일동 사건 당시 인근의 주유소 운영자가 지자체에 민원을 제기했던 일이 나중에야 드러났죠. 평소에 보이지 않던 지반 균열이 있으니 조치해달라는 것이었습니다. 2024년의 연희동 싱크홀도 당시 지방 의회 의원이 민원을 제기했다고 합니다. 사고 직전 자동차가 심하게 흔들릴 정도로 지반은 망가져 있었습니다.

그런데 왜 사고를 막지 못한 것일까요. 마치 일본의 한신 대지진 때처럼, 우리나라의 행정도 체계를 지켜야 하기 때문입니다. 공무원에게 민원은 정말 무서운 존재입니다. 민원의 무게는 때로 한 사람의 목숨 무게가 되기도 할 정도로 무겁습니다. 그런데 땅에 금이 간 것 '같다'라는 민원의 무게와 교통체증으로 못 살겠다는 민원의 무게는 동일합니다. 그렇다면 공무원은 싱크홀 전조 증상 앞에서 어떤 조처를 해야 할까요.

　　상황이 심각해 보인다 해도 바로 조처를 할 수는 없습니다. 책임 소재 문제가 걸려 있기 때문입니다. 결정 권한이 있는 상부에 보고 절차를 거쳐야 하고 부서 간 칸막이도 넘어야 하죠. 하지만 싱크홀은 순식간에 일어나는 현상입니다. 포장된 도로 밑에 커다란 동굴이 생겨 있어야 전조 증상이라는 것도 나타나는 것이니, 이상이 감지되었다면 당장 5분 후라도 일이 벌어질 수 있는 겁니다.

　　그래서 우리는 이제 새로운 상식을 만들어야 합니다. 이미 복잡한 도시의 지하는 계속해서 뚫릴 겁니다. 지하 공간에 대한 개발을 포기할 수 없다면 제대로 된 안전 지도부터 만들어야 하겠지요. 시간도 걸리고 교통에도 불편이 있을 겁니다. 무엇보다 돈도 듭니다. 이걸 감당하고서라도 이 무거운 도시를 계속해서 키우겠다는 사회적 합의가 필요합니다.

낡은 도시에 생기는 각종 안전사고에 대비하기 위해 돌아가고 기다리겠다는 각오도 필요합니다. 땅이 몇 센티미터 부풀면, 갈라지면 바로 통제부터 한 뒤 안전을 확보하는 식으로 관리 매뉴얼을 만들어 지자체에서 사고를 사전에 막을 수 있도록 보장해 줘야 합니다. 차가 막혀 불편하다는 민원에 '매뉴얼 때문에 어쩔 수 없다'라고 답할 수 있게 말이죠.

이제 곧 장마철이 닥칠 겁니다. 국지성 호우가 일상이 된 21세기의 서울에서는 또다시 몇 군데 크고 작은 땅꺼짐이 발생할 겁니다. 하늘은 여전히 무너지지 않지만, 땅은 꺼집니다. 기우가 기우가 아닌 시대를 살아갈 새로운 규칙이 필요합니다.

제로 슈거 콜라와 위고비 사이에서
계산기를 두드리는 시대입니다.

계산기를 두드리는 시대입니다.

페브리즈, 질레트, 다우니, 오랄비, SK-II, 팬틴. 우리 생활에 가장 가까운 브랜드군입니다. 이 모든 브랜드는 P&G(The Procter & Gamble Company)가 소유하고 있죠. 전 세계적으로 가장 성공한 소비재 회사로 꼽힙니다. 하지만 P&G에도 흑역사가 있습니다. 바로 올레스트라(olestra)라는 합성 지방입니다.

1968년 P&G는 아기들이 소화하기 쉬운 지방을 개발하다 칼로리가 0인 물질을 만들어 냅니다. 지방과 비슷한데 열량이 없다니, 상업성을 감지한 P&G는 이를 식품 첨가물로 승인받고자 부단히 애를 썼죠. 하지만 FDA(미국 식품의약청)는 호락호락하지 않았습니다. 올레스트라가 상업화에 이른 것은 1996년의 일입니다. 올린(olean)이라는 제품명이었죠.

P&G는 식품 쪽 라인업도 보유하고 있었습니다. 지금은 켈로그에 넘겼지만, 원래 프링글스도 P&G의 제품이거든요. 1990년대면 아직 비만의 주원인으로 지방이 꼽히던 시절입니다. 마음껏 먹어도 0칼로리인 지방이라니, 시장을 뒤엎을 혁신이었습니다.

하지만 올레스트라는 처참하게 실패하고 말았습니다. 펩시코가 이 대체 지방을 사용해 튀겨 낸 감자칩을 출시했는데, 소비자들이 화장실에 갈 틈도 없이 설사를 시작했기 때문입니다. 사실 P&G도 잘 알고 있던 부작용이었습니다. 올레스트라를 섭취하면 속이 불편해지는 것은 물론이고, 소화되지 않은 채 그대로 장을 통과해 배출됩니다. 당국에 소비자 신고 전화가 빗발쳤죠.

P&G가 이렇게까지 무리수를 뒀던 까닭은 회사 내에 똑똑한 사람이 없었기 때문이 아닙니다. 무리수를 둬서라도 판을 뒤집고 새로운 시장을 선점해야 한다는 위기의식이 있었기 때문이죠. 비만이라는 새로운 전염병에 관한 소비자의 경계가 날로 높아지고 있다는 사실을 일찌감치 깨달은 겁니다. 그래서 칼로리가 없는 지방에 집착했죠.

당시의 연구진, 임원진이 2025년의 슈퍼마켓 진열대를 봤다면 기분이 어땠을까요? 고작 30년이 흘렀습니다. 지방이 아니라 설탕이 기피 음식으로 전락했고, 그 설탕을 대체할 0칼로리 인공 감미료가 마케팅의 핵심이 되었죠. 가히 혁명적인 변화입니다. 의료계의 지칠 줄 모르는 경고에도 지방과 설탕의 유혹을 끊어내지 못했던 소비자들이 달라지고 있습니다. 스테비아와 알룰로스라는 기술이 패러다임을 바꿨습니다. 당을 줄이고 단백질을 더하는 식단은 이제 상식입니다.

그런데 이런 움직임 바깥에 전혀 다른 변화가
시작되고 있습니다. GLP-1이 만드는 변화입니다. 위고비,
오젬픽, 마운자로 등의 제품명으로 알려진 주사형 비만
치료제 및 당뇨병 치료제가 급속히 확산하면서, 사람들의
허리둘레뿐만 아니라 문화와 산업, 중독에서 벗어나는
방법까지 새로운 물결이 감지됩니다.

비만 치료제 위고비

2025년의 식사 예절

지난봄, 영국 《파이낸셜타임스》에 재미있는 기획이
실렸습니다. 미식 평론가들이 제안하는 새로운 식사
규칙 가이드입니다. 7코스 이상의 시식 메뉴를 제공하는
레스토랑을 피하라는 조언부터 길고 지루한 레스토랑 콘셉트

설명을 건너뛰기 위해서라면 '와본 적 있다'라는 거짓말을 해도 무방하다는 팁까지 다양한 내용이 소개되었죠.

그중 가장 눈길을 끈 것은 식사 중 대화에 관한 규칙이었습니다. 식탁 앞에서는 성적인 주제나 종교, 정치에 관한 이야기를 꺼내지 않는다는 불문율이 있죠. 그런데 요즘에 금기시해야 할 주제는 따로 있다고 합니다. 바로 GLP-1 약물, 그러니까 위고비 같은 비만 치료제에 관한 의견을 말하지 말라는 것이죠. 그런 약물을 사용하는 것이 도덕적으로 옳은지 그른지를 논하다 보면, 둘러앉은 여섯 명 중 한 명은 눈물을 흘리며 뛰쳐나가게 될 것이라고요.

한 전문가는 이 의견에 '최근 GLP-1 사용은 정치적 신념과 비슷해지고 있다'는 코멘트를 달았습니다. 누군가에게 위고비는 도덕적 해이입니다. 스스로 절제해야 할 식욕을 약물에 의존해 누른다니 말도 안되지요. 다른 누군가에게는 인생을 바꿔 줄 구원자입니다. 우리의 뇌를 해킹하는 초가공식품으로 가득한 이 세계에서 조작된 식욕과 설탕에 중독된 뇌를 정상으로 돌려 줄 유일한 존재죠. 어느 쪽이든 선과 악, 옳고 그름의 문제입니다. 찬성이든 반대든, 설득될 수 있는 영역의 이야기가 아닙니다.

물론, 이성적인 사회인이라면 이해할 수 없어도

인정하는 법을 배워야겠죠. 하지만 함께 식사하는 자리에서는 또 다른 갈등이 생길 수도 있습니다. 식사가 끝난 후 누군가의 접시는 깨끗이 비워져 있을테지만, 다른 누군가의 접시에는 음식이 잔뜩 남겨져 있을 수도 있으니까요. 위고비를 투약하고 있는 사람들이 그렇지 않은 친구들과 식사한다면, 계산서에 청구된 금액 중에 N분의 1을 내야만 할까요? 반대로 구성원의 대부분이 위고비를 사용하는 모임에서 식사를 한 뒤 나 혼자만 잔뜩 먹었다는 것을 깨닫게 되면서 찾아오는 묘한 좌절감은 괜찮을까요?

새로운 문화적 마찰이 GLP-1 약물을 이용하는 사람들과 그렇지 않은 사람들 사이에 발생하고 있습니다. 호모 사피엔스라는 같은 종이기 때문에 식습관도 비슷할 것이라는 가정에서 출발한 '식사'라는 사회적 활동이, 오히려 당신과 나의 차이를 확인하는 자리로 변모하고 있기 때문입니다. 이를 정중하게 해결하기 위해 새로운 예의를 고안해 내는 사람들도 있습니다. 함께 식사하는 사람들은 물론 식당의 서버, 셰프에게도 자신이 위고비를 사용하고 있다는 사실을 알리는 겁니다. 음식을 많이 남긴다고 하더라도 식사 자리가 즐겁지 않았거나 음식의 맛이 형편없었던 것이 아니라는 사실을 미리 고지하기 위해서입니다.

뇌를 속이는 물질

우리가 식사를 하면 장에서 호르몬을 분비합니다. 이 호르몬은 뇌에 '영양분이 들어왔다'는 신호를 보내죠. 식욕도 가라앉고 인슐린도 분비됩니다. GLP-1은 이 호르몬을 흉내 내서 만든 물질입니다. 주사를 맞으면 우리 몸은 먹지 않아도 먹었다고 인지합니다. 조금만 먹어도 포만감이 드는 까닭입니다. 미국 성인 3000만 명이 이런 약물에 대한 사용 경험이 있습니다. 여덟 명 중 한 명에 해당하는 비율입니다.

초고령층이나 이 약물을 사용할 수 없는 환자 등을 제외한다면 그 비율은 더 올라갑니다. 친구들과의 저녁 식사 약속이 잡혀 있다면 참석자 중 적어도 한 명은 GLP-1을 사용하고 있거나 사용해 봤다는 얘깁니다. 미국의 식생활이 완전히 흔들리기 시작한 겁니다. 쉽게 말해 미국이 포만감을 느끼고 있습니다.

코넬대학교의 연구에 따르면 GLP-1 약물 사용자는 반년 안에 식료품에 대한 지출이 5.5퍼센트 감소했습니다. 소득이 높은 경우에는 식료품 지출을 8.6퍼센트까지 줄였고요. 2035년까지 미국 내 청량음료나 스낵류의 전체 소비량이 3퍼센트 감소할 것이라는 예측도 나왔습니다.

식품 기업들은 GLP-1이 바꿔 놓은 미국인의 입맛에 주목하고 있습니다. 위고비의 제조사인 노보노디스크 측은 식품 회사 임원들로부터 달라진 시장에 적응할 방법에 대한 조언을 요청받았다고 합니다. 미국의 식성이 달라졌다면 당연히 마케팅 전략도 달라져야겠죠.

특히 초가공 식품에 대한 선호도가 현저히 낮아졌다는 관찰 보고가 눈에 띕니다. 지금까지 식품 회사에서는 최소한의 원료로 최대한의 식욕을 자극할 방법을 연구해 왔습니다. 설탕과 소금을 얼마나 넣어야 뇌의 보상 시스템을 최대한으로 자극할 수 있는지, 지방이 입안에서 언제 녹아 퍼져야 도파민이 분비되는지를 밝혀내 왔죠.

그런데 GLP-1은 이러한 식품들이 뇌를 간지럽히는 경로 자체를 방해합니다. 그 결과, 우리의 혀를 자극해 뇌를 조종했던 인공 감미료와 식품 첨가물의 맛이 예전처럼 매력적이지 않아졌습니다. 인공의 맛을 더 이상 갈구하지 않게 된 겁니다. 대신 GLP-1 사용자들은 신선한 야채나 과일 등 재료 그 자체의 맛을 즐기기 시작했다고 입을 모읍니다.

가장 직접적인 타격을 받을 것으로 예상되는 분야는 설탕 업계입니다. 아직은 영향력이 가시적으로 드러나지는 않았습니다. 오젬픽이 비싸기 때문입니다. 미국에서 확산하고 있다고 해도, 세계 시장 전체로 보면 우려할 정도는 아닙니다. 그러나 부유한 국가부터, 그중에서도 중산층 이상의 계층부터 시그널이 시작될 수 있습니다.

각국 정부의 정책도 판을 흔들 수 있습니다. 예를 들어 세계 최대 설탕 소비국인 인도에서는 당뇨병 등 대사 질환과 함께 비만율이 급증하고 있습니다. 전 세계 설탕의 15퍼센트를 먹어 치우는 인도에 오젬픽이나 유사 제품이 저렴한 가격으로 풀리기 시작한다면 산업의 기반 자체가 흔들릴 수 있죠.

예상하지 못한 효과도 관찰되고 있습니다. GLP-1이 각종 알코올, 담배는 물론 약물 중독으로부터 인류를 해방하고 있는 겁니다. 미국의 시장 조사 업체 번스타인(Bernstein)에 따르면, 미국의 1인당 연간 알코올 소비량은 2024년 약 8리터였습니다. 전년 대비 3퍼센트가량 감소한 것으로, 금주령 시대 이후 최대 하락 폭을 기록했습니다.

주류업계에서는 GLP-1 약물의 확산을 주요한 원인으로 꼽고 있습니다. 실제로 GLP-1이 알코올은 물론 아편계 약물 남용도 최대 절반까지 줄이는 효과가 있다는 연구 결과가 보고된 바 있으니 근거 있는 우려입니다. 그리고 이런 변화는 바로 주가 하락으로 이어졌습니다.

더 극단적인 사례도 있습니다. 미국의 '웨이트워처스(WeightWatchers)'는 건강하게 먹고 꾸준히 운동하며 생활 방식을 개선하도록 돕는 프로그램을 운영하는 체중 관리 기업입니다. 오프라 윈프리가 이사진으로 참여한 것으로도 유명하죠. 60년 넘게 이어 온 이 회사의 역사는 GLP-1과 함께 끝났습니다. 2023년 윈프리가 체중 감량 약물을 사용하고 있다고 고백한 것이 결정적이었습니다. 지난 5월 웨이트워처스는 끝내 파산 신청을 했습니다.

불완전한 중독 해방의 시대

인간은 중독으로부터 해방되었습니다. 정확히는, GLP-1을 사용할 수 있는 지역과 계층부터 각종 중독 물질로부터 자유로워질 수 있게 된다고 예상해 볼 수 있습니다. 인류의 큰 숙제가 풀린 겁니다. 하지만 위고비는 각 국가의 의료 보험 시스템이 온전히 감당하기에는 만만치 않은 가격입니다. 개인이 감당하도록 둔다면 빈부의 격차가 중독의 격차로 전이될 테고요. 당분간 우리는 부의 크기에 따라 중독의 위험에 노출되는 정도에 차별이 있는 세상을 살게 됩니다.

하지만 기술은 기술로 따라잡힙니다. 이미 식품 대기업과 연구실에서는 GLP-1을 사용하는 소비자들의 입맛을 사로잡을 방법에 관해 연구 중입니다. 식품업계는 이미 60년대에 0칼로리 지방을 개발할 정도였습니다. 2025년의 기술력은 상상을 뛰어넘겠지요. GLP-1 사용자들은 상큼한 맛이나 산뜻한 맛을 선호하게 되는 경향이 있다고 알려져 있습니다. 이런 식으로 달라진 취향에 맞춘 제품을 개발하는 겁니다. 입맛이 달라졌을 뿐, 간편하게 즐길 수 있는 가공식품의 편의성이 사라진 것은 아니까요.

더 나아가 GLP-1의 효과 자체를 떨어뜨리는 화합물을 개발할 가능성도 있다는 주장도 나옵니다. 식품업계는 뇌가 갈망하는 맛을 만들기 위한 연구를 아주 오랫동안 이어 왔습니다. 우리의 감각과 신경을 조정하는 화학 물질에 관한 가장 발전된 연구들입니다. 그러니 GLP-1의 작용 기전을 방해하는 물질을 개발하는 것이 불가능한 얘기는 아니라는 의견도 어느 정도 설득력이 있습니다.

　물론, 제약업계도 가만히 멈춰서 있는 것은 아닙니다. 값비싼 위고비를 대체할 수 있는 저렴한 버전의 GLP-1 약물 개발이 가시화하고 있습니다. 스스로 바늘을 찔러야 하는 불편을 없애기 위해 먹는 비만약의 개발도 속도를 내고 있죠.

　결국 우리는 엄청나게 중독적인 식품들로 슈퍼마켓이 가득 차 있던 시대를 지나, 제로 슈거 콜라와 위고비 사이에서 계산기를 두드리는 시대에 도착했습니다. 식품 회사와 제약 회사는 각자의 위치에서 소비자의 지갑을 열기 위해 첨단 과학 기술을 더 예리하게 벼려낼 겁니다. 어느 쪽이 이기든 우리의 의지와는 관계없이 계산서를 받아 들게 되겠죠.

생수라는 상품이 시장에 자리 잡기 위해서는
정부 실패가 수반되어야 합니다.

우리나라에서 본격적으로 생수가 팔리기 시작한 것은
올해로 30년입니다. 생각보다 역사가 짧죠. 관련 안전 기준이
처음으로 개선됩니다. 지금까지는 등록제로 관리되어
왔습니다. 생수 수질에 관한 기준은 있지만, 실제 검사는
업체가 자체적으로 진행해 통보합니다. 생수 업체가 모여
만든 한국샘물협회가 '먹는샘물 품질 인증제'를 운영하고
있습니다. 이걸 손봐 국제 수준에 맞추겠다는 겁니다.

국내 해썹(HACCP, 위생 관리 시스템)을 바탕으로
취수, 제조, 유통 전 과정에서 국제 표준(ISO) 22000을
충족시킬 수 있는 평가 및 품질 인증 제도를 도입하겠다는
계획입니다. 우리나라의 생수 소비자들에게도 득이 될 수
있겠지만, 이런 인증이 생기면 생수를 수출하고자 하는
기업에 좋은 기회가 되죠. 이번 안전 기준 개선은 소비자보다
기업을 위한 조치라고 볼 수 있겠습니다.

앞으로 달라질 부분 중 가장 눈에 띄는 부분은 유통
과정에서 보관 기준을 구체적으로 정하겠다는 내용입니다.
페트병에 담긴 생수가 직사광선에 오랫동안 노출될 경우
용기에서 아세트알데히드 등의 유해 물질이 생수로 녹아들 수
있다는 우려 때문입니다. 반면, 미세 플라스틱에 관한 규제는
국제적인 논의 상황을 지켜본 뒤 결정하기로 했습니다. 미세

플라스틱의 위해성과 규제에 관한 국제적인 동향을 봐 가면서
결정하겠다는 것인데, 선제적으로 대처하기보다는 국제
시장에서 한국 생수가 상품성이 떨어지지 않도록 기준을
맞추겠다는 의도로 해석할 수 있습니다.

플라스틱 장벽

그런데 정작 우리나라 생수 업체의 발목을 잡고 있는 것이
바로 '플라스틱'입니다. 생수를 수출할 경우 성공할 가능성이
가장 높은 지역으로 유럽 지역이 꼽히는데, 유럽과 미국
등에서는 플라스틱 생산에 재생 원료 사용을 2030년까지
30퍼센트 수준까지 확대할 계획이기 때문입니다.

　　　　우리도 이런 추세를 따라가기 위해 준비 중입니다.
하지만 국내에서는 재생 원료 사용 도입이 늦어지면서 재생
원료 시장 자체가 아직 제대로 형성되어 있지 않습니다.
게다가 우리나라의 폐플라스틱은 품질 보증이 되지 않아
재활용에 한계가 있습니다. 배출할 때 아무리 잘 분류해도
폐플라스틱 회수 과정에 다시 섞여 버립니다. 그리고 손으로
일일이 다시 선별하는 과정을 거칩니다. 폐플라스틱 재활용에
있어 정확도가, 효율이 떨어지는 겁니다. 관련 사업을

확장하고 있는 SK케미칼이 1300억 원을 투자해 중국에서
페트병을 조달해 올 정도니, 상황이 꽤 심각하지요.

유럽의 생수는 석회질과 미네랄 함량이 꽤 높은
편입니다. '경수(硬水, hard water)'라고 하죠. 우리에게 가장
유명한 해외 생수 '에비앙'의 경우 유럽에서는 다른 제품에
비해 상대적으로 미네랄 함량이 적어 부드러운 맛으로 알려져
있습니다. 18세기 에비앙 지역의 온천수만 마셨더니 신장
결석이 나았다는 이야기가 퍼지면서 처음 상품화되었던
계기도 비교적 낮은 미네랄 함량 덕분이었고요.

반면, 우리나라의 물은 미네랄 함량이 낮은
'연수(軟水, soft water)'입니다. 에비앙과 비교해도 더
가볍고 깨끗한 맛이 납니다. 에비앙의 물맛이 뭔가 풍부하게
느껴지거나 약간 느끼한 까닭은 미네랄 함유량의 차이 때문인
겁니다. 그래서 깔끔한 맛의 한국 생수가 유럽 시장에서
가능성 있다는 분석이 나옵니다. 다만, 이 재생 플라스틱의
장벽을 넘어야 본격적인 진출이 가능하겠죠.

귀족의 음료

사실, 플라스틱 페트병은 생수가 가지는 계급성을 무너뜨린

시대의 발명품이었습니다. 20세기 중반으로 접어들어 페트병이 보편화하기 이전까지 생수는 유리병이나 도자기 병에 담겨 판매되었기 때문입니다. 안 그래도 좋다는 물을 길어 와 판매하는데, 엄청나게 무거운 병에 담기기까지 했으니, 운송비가 만만치 않았습니다. 그래서 생수는 귀족만의 음료였습니다.

사실, 물은 자연에서 나는 것이며 공공재의 성격을 갖고 있습니다. 한강 물이 누구 것인지 묻는 사람은 아무도 없으니까요. 그러니까, 물은 돈을 내고 쓰는 자원이 아니었다는 얘깁니다. 물론, 가뭄이 들거나 깨끗한 물이 귀한 곳은 예외였지만 말입니다. 그런 물을 일부러 고급스러운 병에 담아 비싼 값으로 팔았으니, 부자가 아니라면 생수를 사 마실 이유도, 능력도 없었습니다. 그래서 생수는 일종의 고급 재화이며 계급의 상징이었습니다.

물론, 이런 경향은 현재까지 계속되고 있습니다. 여러분도 가끔 엄청나게 비싼 생수에 관한 이야기를 들어보신 적 있으실 테지요. 페리스 힐튼이 강아지를 먹인다는 생수 '블링H2O'는 한 병에 5만 원 정도입니다. 순금으로 정수했다는 '엑소시아 골드(Exousia Gold)'는 1리터에 300만 원을 호가하고요. 이쯤 되면 고급 생수 영역은 합리가 아닌 욕망의 영역입니다. 가격이 오르는데 수요도 오르는 베블런 효과(veblen effect)의 사례라고 할 수 있습니다. 그렇다고 부유한 괴짜들만을 위한 시장은 아닙니다. 고급 물의 맛을 견주고 비교하는 서밋(Fine Water Summit)도 개최됩니다. 올해 서밋에서 참가자들은 노르웨이 빙하로 만든 생수와 안데스산맥의 화산 지대에서 솟아난 생수의 맛을 비교했습니다. 체코에서 온 빙하기 시대의 물도 선보였죠.

정부가 없는 곳에

인간은 물 없이 생존할 수 없습니다. 때문에 물의 계급성은 다른 어떤 재화보다도 더 직설적으로 느껴지죠. 우리나라에서 생수 시판이 금지되었던 까닭도 바로 여기에 있었습니다. 마시는 물을 돈 주고 살 수 있게 되면 '계층 간 위화감'이 커질 수 있다는 논리였습니다. 생수 회사가 있긴 했지만, 주한 미군이나 88년도 서울 올림픽을 찾은 외국인 등에게만 한정적으로 판매할 수 있었죠. 저도 초등학교에서 선생님께 유럽에서는 물을 돈 주고 사 마신다는 이야기를 듣고 놀랐던 기억이 있습니다. 함께 여행했던 한국 단체 관광객들이 '물 마시는 데 돈을 낼 수 없다'라며 생수를 그냥 가져다 마셨다는

125

이야기를 마치 무용담처럼 자랑하셨었지요. 지금 생각하면
명백한 절도에 해당하겠습니다.

　　　2025년의 상식으로는 계층 간 위화감을 우려해
생수를 팔지 못하게 했다는 이야기가 굉장히 낯설게
느껴지지만, 당시에는 당연한 규칙이었을 겁니다. '봉이
김선달'도 아니고, 마시는 물을 돈 받고 판다는 발상이 오히려
낯설었을지도 모르죠. 그런데 이 상식을 뒤집어엎는 일이
발생합니다. 1989년 수돗물에서 중금속이 검출된 겁니다.
1990년에는 발암 물질 트리할로멤탄이 검출되었고 급기야
1994년에는 두산전자에서 유출된 폐수가 영남 지역의
식수원인 낙동강으로 흘러드는 사건이 터집니다. 이른바
'페놀 사태'입니다.

　　　상수원 관리라는 정부의 역할에 실패가 발생하면서
여론은 생수를 합법화하자는 쪽으로 기웁니다. 수돗물에
대한 불신이 확대하면서 법과는 관계없이 이미 생수 판매가
묵인되고 있기도 했고요. 결국 1994년 3월 생수 판매가
합법화합니다. 금지되었던 생수 광고도 2013년부터 허용되고
있고요. 봉이 김선달이 희대의 사기꾼에서 역사적 사업가로
재탄생한 겁니다. 2024년 기준, 우리나라 생수 시장은 3조
원대 규모로 성장했습니다.

사실 1990년대로 접어들면서 생수 민간 판매가 묵인되고 있었습니다.
당시 수돗물에 대한 불신을 생각하면 당연한 현상이었죠. / 출처: 크랩

공공재인 물이 생수라는 상품으로 시장에 자리 잡기 위해서는 이렇게 정부 실패가 수반되어야 합니다. 예를 들어 폭발적으로 성장한 중국 생수 시장의 경우 2024년 약 19조 3000억 원의 규모까지 성장한 것으로 추산됩니다. 수돗물이 식수로 적합하지 않다는 중국 정부의 발표 때문입니다.

미국에서도 비슷한 사례가 있었습니다. 지난 2014년 플린트시에서 발생한 '납 수돗물 사태'입니다. 플린트시는 한때 미시간주에서 두 번째로 큰 도시였습니다. 자동차의 도시 디트로이트 인근에 위치해 관련 산업이 번창했기 때문입니다. 20세기 초에는 플린트강을 식수원으로 삼았지만, 산업 발전과 함께 오염이 심해지면서 1960년대부터 디트로이트강에서 물을 구입하게 됩니다.

그런데 미국의 자동차 생산업이 불황을 맞게

되고 디트로이트가 몰락하면서 플린트시도 경제적 압박에
시달리게 됩니다. 결국, 비용 문제로 플린트시 당국은
2014년부터 다시 플린트강에서 수돗물을 공급하기로 하죠.
그 결과 사람들이 마시는 물에서 납이 검출되기 시작합니다.
납의 농도는 가난한 동네에서 더 심했고요. 오염된 물 때문에
2014년과 2015년 여름, 레지오넬라균 감염으로 13명의
사망자가 발생했습니다.

그 결과 플린트시 시민들은 살기 위해 생수를
사들여야 했습니다. 수돗물에 대한 공포가 확산하면서 당시
미국의 생수 판매량이 탄산음료 판매량을 앞지르기도 했죠.
일찌감치 염소 소독을 도입해 집에서도 수돗물을 마시는
문화가 일반적인 미국에서는 역사적인 사건이었습니다.
그럼에도 돈이 쪼들렸던 플린트시는 주민들에게 물을 끓여
먹으라는 권고만 했을 뿐입니다.

전문가들은 수돗물에 대한 불신이 근거 없다고
잘라 말합니다. 우리나라의 경우 수돗물을 분석해 보면
깨끗함은 물론 미네랄 함량까지 시판 생수와 크게 다르지
않다는 겁니다. 건강과 친환경을 파는 생수 회사의 마케팅을
비판하기도 하고, 소비자의 막연한 불안감이 틀렸다고
조언하기도 하죠.

하지만 상수원에서 검사한 물이 아무리 깨끗해도 우리 집에 도착하는 물까지 깨끗하란 법은 없습니다. 낡은 상수도관을 지나는 동안 물에 어떤 불순물이 섞일지 모른다는 불안감까지 근거 없다고 할 수는 없을 겁니다. 저도 저보다 나이가 많은 집에 살면서 샤워기 필터가 이틀 만에 갈색으로 변하는 경험을 몇 번이고 했으니까요. 그 물을 그냥 마실 수는 없습니다.

물을 죽인 범인

상하수도관은 보이지 않는 곳에 묻혀 있습니다. 관리하고 교체하는 데에 돈이 많이 들고 교통 불편도 초래합니다. 노후 상하수도관 교체가 지지부진한 까닭입니다. 캘리포니아 태평양연구소(Pacific Institute) 설립자인 물 전문가 피터 글릭은 저서 《물의 세 시대》에서 상수도 시설의 성공을 평가하는 기준이 매출이나 원가 회수 같은 재무적 수치에 국한되는 경우가 많다고 지적합니다. 민간 기업은 수자원과 자연 생태계를 보호할 이유가 없습니다. 공공의 상수도 관리 시스템이 숫자 너머의 가치들로 평가받지 않으면 우리는 10년 후에도 수돗물을 마시지 못하고 생수를 마신 뒤 플라스틱병을 분리수거하고 있겠죠.

하지만 우리는 알고 있습니다. 생수가 늘 믿을 수 있는 것은 아니라는 사실을 말이죠. 2019년에서 2024년 7월 사이, 먹는 샘물 수질 기준 위반 건수는 40건에 달했습니다. 미세 플라스틱 문제도, 이 물을 우리 집까지 배달하면서 배출된 탄소의 양에 관해서도 모르지 않습니다. 좋아서 모른 척 생수를 다시 사들이는 것이 아닙니다. 수돗물을 믿을 수 없는 사람들의 선택입니다. 정부의 실패죠.

그래서 정부가 30년 만에 정비하는 생수 안전 관리 기준 소식이 별로 달갑지 않습니다. 수돗물을 안심하고 마실 수 있도록 무언가를 바꿔 보겠다는 정책 소식은 들리지 않기 때문입니다. 먹는 샘물을 '생수'로 부르는 데에는 이유가 있습니다. 수돗물이 '살아 있지 않은 물'인 지금의 상황은 분명 잘못되었습니다.

---

talks는 북저널리즘이 2018년부터
진행하는 인터뷰 시리즈입니다.
사물을 다르게 보고, 다르게 생각하고,
세상에 없던 것을 만들어 내는 사람을 만납니다.

멋진 공간을 발견하면 설렌다. 좋은 사람과 꼭 다시 오고
싶다는 생각이 든다. 그런 가게는 누군가의 창작물이다.
그 공간을 만들기 위해 무수히 많은 고민과 현실적인
타협이 필요하다. 그 과정을 사실 그대로 담은 시리즈가
브로드컬리의 '3년 이하 시리즈'이다. 2016년《서울의
3년 이하 빵집들》을 시작으로 로컬숍을 만들고 운영하는
자영업자의 이야기를 있는 그대로 담아 왔다. 올봄
오랜만에 시리즈의 신간이 나왔다. 브로드컬리의 조퇴계
편집장은 마감보다 중요한 것을 지키기 위해 오래 걸렸다고
이야기한다. 조퇴계 편집장을 인터뷰했다.

‘3년 이하 시리즈’로는 6년 만의 신간이다. 왜 이렇게
오래 걸렸나?

전작이 좀 잘 팔렸다. 여유가 생기면 꼭 해보고 싶은 취재가
있었는데 그게 서울을 떠난 사람들에 관한 이야기다. 그래서
시작했는데 생각보다 훨씬 어려운 작업이었다.

어떤 것이 어떻게 어려웠나?

섭외다. 브로드컬리는 자영업자를 인터뷰하는 잡지다. 공간
운영의 맥락을 중심으로 매 호 주제를 달리해 책을 만든다.
이번에는 서울에서 경제 활동을 하다 서울을 떠나 다른
지역에서 공간을 운영하는 사람들을 취재했다. 그런데 이게
쉽지 않았다.

사례가 적지는 않았을 것 같은데?

유명한 사람들을 섭외해 만들지 않는다. 주제에 관해 독자가
공감할 수 있는 이야기를 가진 사람을 직접 찾아 섭외한다.
최소 2000군데 정도 공간을 무작위로 방문해 최종적으로

여섯 군데로 추렸다. 이렇게 공간을 찾는 데에만 5년 이상 걸렸다.

일반적인 회사였다면 상상하기 어려운 일이다.

잘릴 수도 있을 거다. 하지만 다행히 브로드컬리는 고정비가 매우 낮은 조직이다. 풀타임으로 일하는 건 나뿐이다. 다른 편집부원들은 각자 본업이 있다.

브로드컬리의 조퇴계 편집장 / 사진: 브로드컬리

조직이 가벼우니 가능했던 건가?

책 한 권이 나올 때마다 2~3개월 정도만 협업하는 방식이다. 기획, 취재, 편집은 주로 혼자서 한다. 그래서 회사가 망하지 않고 이렇게 책이 나올 수 있었다.

시간을 들인 만큼 반응도 좋다. 하지만 6년이면 긴 시간이다. 중간에 흔들리는 시기는 없었나?

좀 다르게 해봐야 할지, 늘 질문하게 되는 것은 사실이다. 그런데 우리 편집부는 전통적인 출판업계, 잡지사 등에서 경력을 쌓은 팀이 아니다. 그래서 마감을 지켜야 한다든가 하는, 일반적으로는 중요하게 생각하는 것들에 덜 얽매인다. 합리적인 관리 능력이 좀 부족하달까.

'마감'보다 더 중요한 목적이 있다는 얘기다.

그렇다. 마감보다는 만족스러운 책 한 권이 나오는 과정을 중심에 둔다. 브로드컬리는 편집부가 직접 취재해서 책을 만든다. 그러니 책을 만들었으면 다 팔아야 한다는 생각이 있다. 못 팔면 곤란하다. 이번 책은 아쉬움이 좀 있어도 일단 마무리하고 다음 책을 잘 만들자는 식으로는 생각할 수 없다.

대부분 혼자 작업한다고 했다. 어떻게 일하나?

섭외도 그렇지만 인터뷰 작업도 직접 다 한다. 현장에는
포토그래퍼와 함께 디자이너도 동행한다. 완성도를 위해서다.
우리 책은 사진을 많이 사용하는 구성이다. 인터뷰 현장의
맥락을 알아야 디자인 작업에 있어 아쉬운 부분이 생기지
않는다. 인터뷰 작업은 직접 다 하고 있다. 에디터와 함께
분업하는 방식을 많이들 조언해 주셨다. 내가 기획 중심으로
맡고, 현장 취재는 에디터가 주로 담당하는 식으로 말이다.
그런데 나는 이 일이 즐겁다. 그래서 계속 직접 한다.

뭐가 즐거운가?

공간을 운영하는 사람들을 직접 만나 이야기를 나누는 일이
즐겁다. 또, 내가 발행인이니까 내가 궁금한 걸 충분히 질문할
수 있다.

공간과 사람이 왜 그렇게 궁금한가?

이 우주는 정말 드넓은 공간이다. 하지만 우리가 각자 온전히

마음대로 할 수 있는 공간을 생각해 보면, 정말 작다. 그런데 가게를 운영하는 사람들은 불특정 다수에게 커피값 정도만 받고 공간을 열어 준다. 우리는 책 한 권, 커피 한 잔 값으로 누군가가 삶의 아주 큰 부분을 걸고 꾸며 놓은 공간 안으로 들어갈 수 있다. 공간은 한 사람의 가치관이나 논리, 미감 같은 것을 담고 있다. 그걸 발견하는 것이 가게에 다니는 기쁨이라고 생각한다.

《서울을 떠난 3년 이하 이주민의 가게들》 / 사진: 브로드컬리

이번 책《서울을 떠난 3년 이하 이주민의 가게들》에는 어떤 궁금증을 담았나?

서울을 떠나 자영업을 하는 사람들을 취재하게 된 첫 번째 이유는 내가 서울 출신이 아니기 때문이다. 대학을 졸업하고

서울로 취업하면서 상경했다. 10년 넘게 서울에 살고 있는데,
아직도 자리를 잡아가는 중이다.

서울은 쉽지 않은 도시다.

아무래도 많은 사람들이 모여 있는 도시이다 보니 주거비나
생활비 같은 비용 부담이 크다. 서울을 좋아하지만, 이렇게
고비용의 삶 이외의 다른 방식도 있지 않을까 하는 생각이
들었다.

매스 미디어에서도 종종 다루는 주제 아닌가?

주로 '해탈'했거나 좀 내려놓은 사람들의 이야기를 자주
다루는 것 같다. 하지만 내가 궁금한 것은 그런 사람들의
이야기가 아니다. 나는 세속적으로도 잘살고 싶고 좀 더
여유롭게 살고 싶다는 욕심도 있다. 그런 관점에서 서울
바깥의 삶이 궁금했다. 나와 비슷한 고민을 가진 사람들도
분명히 있을 것이라 생각했고.

<u>서울을 벗어나면 분명 많은 것이 달라지겠다.</u>

나는 공간을 좋아하는 사람이다. 서울에서도 카페나 빵집, 서점 같은 공간에서 느껴지는 즐거움이 있지 않나. 그런데 서울 바깥으로 나가면 일단 임차 비용이 줄어드니 가능성이 커진다. 똑같은 자본으로 더 넓은 공간을 확보할 수 있고, 그 공간을 유지하는 데에도 비용이 줄어든다. 기본적으로 고정비가 낮아진다.

<u>자신만의 공간을 운영하고 싶은 독자에게는 또 다른 레퍼런스가 될 수도 있겠다.</u>

예를 들면, 이번 책에 실린 부산 '나락서점'의 경우 여행길에 방문한 손님이 책을 구입하면 택배로 발송해 준다. 부산 서점이나 헌책방에 이런 서비스가 많다. 지역에서는 그곳 상권에 맞는 방법이 있다. 이런 방법들을 잘 활용하면 지역은 자기 뜻을 펼치기에 좀 더 유리한 환경일 수도 있지 않을까 생각한다. 이번 책이 언젠가 공간을 운영해 보고 싶은 사람들에게 더 넓은 선택지를 제시할 수 있는 자료가 될 수도 있을 것 같다.

일반적인 잡지에 실린 인터뷰를 읽다 보면, 좀 바빠 보일 때가 있다. 깊게 들어가기보다는 개괄적인 질문과 답으로 구성되어 있다는 생각이 든다. 아무래도 지면의 한계와 마감이라는 압박이 있기 때문일 것이다. 하지만 누구든 한 개인의 삶을 만나면 질문이 생긴다. 얼마나 벌고 있나, 지금의 삶에 만족하나, 앞으로도 이 일을 계속할 수 있을까, 이런 것들 말이다. 나는 그렇다. 그런 내밀한 부분에 관해 궁금증을 갖고 있다. 특별한 방향성은 없다. 그저 삶을 둘러싼 일반적인 질문들이다.

나의 질문이 곧 독자의 질문이라는 확신이 보인다.

내가 가진 질문들은 나만의 것이 아니다. 내가 궁금한데 남이 안 궁금할 리가 없다. 예를 들어, 내게 질문이 열 개뿐이라면 독자의 질문과는 다를 수 있다. 그런데 이번 책 기준으로 질문지에 적힌 질문만 160개였다. 현장에서는 질문이 꼬리를 문다. 결과적으로 대략 300~400개 정도의 질문과 답변이 오갔다. 인터뷰마다 그렇다. 그렇다면 독자 입장에서 300개의

질문 중에 적어도 50개 정도는 궁금증을 가진 질문일 수
있다. 그래서 이걸 독자도 궁금해할지 여부는 크게 의심하지
않는다.

300~400개의 질문과 답이 오가려면 대체 인터뷰가 얼마나 걸리나?

짧으면 10시간, 길면 2박 3일 정도 인터뷰를 진행한다. 과자를
잔뜩 쌓아 두고 먹으면서 한다. 중간에 밥 먹고 오기도 하고.
인터뷰에 응해 주는 사람들은 대부분 본인이 가진 자원을
거의 다 투입해서 사업을 일궈 나가고 있다. 그런 사람들의
2박 3일을 받아 인터뷰를 진행하는 것이다.

귀한 시간이다.

같은 질문지를 가져가도 인터뷰 현장마다 조금씩 질문이
달라진다. 답변도 당연히 다 다르다. 사람마다 삶의 과정이 다
다르기 때문이다.

내가 글쓰기를 처음 배운 곳은 금융업계다. 미래에셋증권 리서치센터에서 사회생활을 시작했고, 이후에도 동종 업계에서 인턴이나 RA(Research Assistant)로 일하면서 글을 썼다. 보통 통계 등의 데이터를 중심으로 글을 썼다. 그런데 그건 나 말고도 할 수 있는 사람이 많다. 또, 얼마나 방대한 데이터를 모을 수 있는지는 자본력의 문제이기도 하다. 차이를 만드는 것은 데이터 너머에 있다. 글쓴이의 의견이나 인터뷰야말로 고유한 가치를 가진다. 특히, 인터뷰의 경우 인터뷰이도 중요하고, 질문하는 사람에 따라서도 결과가 완전히 달라진다.

취재 과정에 품이 많이 든 만큼 현실이 제대로 반영된 결과물이라는 생각이 든다.

노력한다. 먹고사는 문제를 다루기 때문이다. 구체적인 금액, 이 일을 선택하는 데 든 비용, 매출 같은 것들을 묻는다. '나는 이러한 삶을 살았고, 그 결과 내가 가장 좋아하는 것을 찾았고, 그래서 가게를 열었다'는 식의 이야기가 참 많다. 그 자체로

좋은 콘텐츠다. 동기 부여도 되고 응원도 될 수 있다. 그런데
내 가게를 연다는 것은 경제 활동의 영역이고, 돈 문제이기도
하다. 일단 가게라는 공간 자체가 어떤 '부동산'을 차지하는
일이다.

비싼 재화를 깔고 앉는 일이다.

만약 누군가가 '나도 서점 한번 열어 봐야겠다'라는 생각을
해서 현실적인 고민을 크게 하지 않고 서점 문을 열었다고
가정해 보자. 그리고 생각보다 힘들어 금방 문을 닫은
상황이다. 결국 그 서점을 운영하는 동안, 마음을 다해 가게를
꾸려 온 사람들에게 간접적으로나마 영향을 미친 것이 된다.

예를 들자면 어떤 영향인가?

금방 문을 닫아 버린 그 서점 주변의 월세가 더 올라갈
수 있다. 수요와 공급에 관한 기본적인 얘기다. 준비가
부족한 상태에서 가게를 열었다 닫는 분들이 많다면 우리
사회 전체로도 비효율적인 일이다. 우리가 어떤 가게를
좋아하게 되는 까닭은 그 공간을 마련한 사람의 고유하

방향, 자아실현의 흔적 때문이다. 그런데 개성 있는 공간은
줄어들고 효율을 추구한 공간이 늘어난다면, 그건 대개
비용 문제 때문이다. 비효율이 비용을 증가시킨다. 극단적인
예시가 명동이나 홍대 앞 같은 지역이다. 그렇게 비싼
곳에서는 자아를 표현하기보다는 효율을 따질 수밖에 없다.

그런 마음이 책에 반영된 건가?

자신의 공간을 시작하고 싶은 사람들에게 가능한 한 많은
정보를 주고 싶다. 필요하다면 그 결정을 한번쯤 재고해 봐도
좋겠다고 생각한다.

'3년 이하' 시리즈에 이 정도의 진심을 담았다. 그리고
10년 만에 시리즈 여섯 번째 책이 나왔다. 책을
판매하는 수익만으로 회사가 지속 가능한가?

회사는 지속 가능하다. 그런데 내 욕심까지 채우려면
추가적인 수입이 필요하다. 외부와 협력하는 프로젝트 등을
통해 노력하고 있다.

어떤 욕심인가?

개인적인 삶에 관한 욕심도 있지만, 다음 콘텐츠에 더
투자하고 싶은 마음이다. 이를테면, 미슐랭 식당이나 한국을
떠나 해외로 이주한 자영업자의 이야기 같은 것이다. 아마
시간이 지나면 지구를 떠난 사람들도 생길 것이다. 화성 같은
곳에도 카페가 생기지 않을까? 그렇다면 누군가는 그 카페를
운영하고 있을 것이다. 나는 공간을 운영하는 사람들을 항상
만나고 싶다. 이야기 나누고 싶다. 그런데 자원이 부족하다
보니 그걸 좀 더 마련하고 싶다는 욕심이 계속 생긴다. 그런
욕심이 생기면 이게 불만족이 되기도 한다.

그래도 원하는 삶의 방식을 만들기 위해 쉼 없이
왔다.

취미를 일로 삼으면 재미가 없어진다고들 한다. 근데, 잘하면
재미있을 것이라 생각한다. 취미는 누구든 가질 수 있다.
그걸 직업으로 삼으면 당연히 힘들다. 테니스를 취미로 치면
재미있겠지만, 프로 선수가 되어 밥벌이하려면 잘 칠 때까지
쳐야 하는 것처럼 말이다. 그러넌 살 질 수 있을 때끼지 니를

147

후원해 줄 사람을 찾아야 한다. 아니면 스스로 시간과 기회를
마련하든가. 잘 치기 위한 여건도 만들어야 한다. 그런 생각
없이 테니스만 열심히 친다고 내년에 선수가 될 수 있다는
보장은 없다.

<u>일하는 사람이라면 생각해 봐야 할 지점이다.</u>

취미를 일로 삼는 것은 잘못된 선택이 아니다. 잘하면 된다.
다만, 그 과정이 어려울 수 있다. 그래서 여러모로 궁리한다.
지금 이곳 사무실도 그런 노력의 일환이다. 사실, 집에서
작업해도 된다. 그런데 느슨해지면 한이 없다. 그래서 일부러
사무실을 마련하고, 이곳을 함께 쓸 사람들을 찾았다. 주변에
자기 일을 열심히 하는 사람들이 함께 있는 환경에서 나도 더
잘할 수 있을 것 같았기 때문이다. 일을 잘하기 위해 물리적
환경을 구성한 것이다. '내가 이 일을 지속하기 위해 해야 할
노력은 무엇일까?'라는 질문이 무척 중요하다. 건강 관리,
재정적인 부분 등을 모두 포함한 얘기다.

이렇게 열심히 해서 만들어 갈 브로드컬리의 다음 계획은 무엇인가?

이번 책이 나오기까지 긴 시간이 걸렸다. 좀 더 짧은 호흡으로 우리 편집부의 생각을 독자들에게 전달할 방법을 고민하고 있다. 책의 형태가 아닐 수 있다. 디지털 플랫폼을 활용할 수도 있고, 팟캐스트를 시작할 수도 있다. 어떤 방법으로 찾아뵐 것인지는 아직 열려 있다.

북저널리즘은 2017년 서울에서 출판물로 시작해 디지털, 멤버십, 커뮤니티, 오프라인으로 미디어 경험을 확장하고 있습니다. 북저널리즘은 책처럼 깊이 있게, 뉴스처럼 빠르게 우리가 지금, 깊이 읽어야 할 주제를 다룹니다. 단순한 사실 전달을 넘어 새로운 관점과 해석을 제시하고 사유의 운동을 촉진합니다. QR 코드를 통해 북저널리즘 멤버십에 가입하면 북저널리즘이 발행하는 모든 콘텐츠를 이용할 수 있습니다. 동시에 지적이고 지속 가능한 저널리즘을 지지하는 방법입니다.

《비케이제이엔 매거진》은 북저널리즘이 만드는 종이 뉴스 잡지입니다. 《비케이제이엔 매거진》 31호는 2025년 6월 2일 발행됐습니다. 이 책의 발행처는 주식회사 스리체어스입니다. 주소는 서울시 종로구 효자로 15 2층, 이메일은 hello@bookjournalism.com, 웹사이트는 bookjournalism.com입니다. 이 책에 수록된 글과 그림을 이용하려면 스리체어스의 동의를 받아야 합니다.